I0146821

HISTOIRE

DU

COLLÈGE DE SAINTES

(Charente-Inférieure)

PAR

F. XAMBEU

(1er FASCICULE)

SAINTES
A. TREPREAU, libraire, éditeur, Grande-Rue, 51
1886

Du Recueil de la Commission des arts et monuments historiques de la Charente-Inférieure.

Saintes, imprimerie Hus.

HISTOIRE

DU

COLLÈGE DE SAINTES

(Charente-Inférieure)

PAR

F. XAMBEU

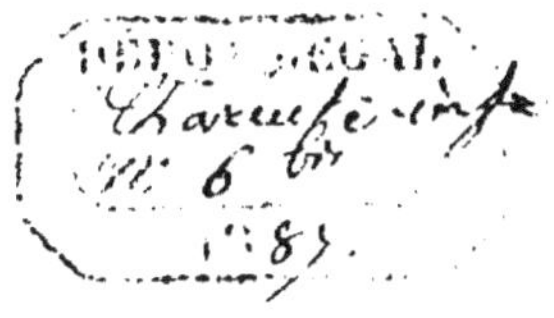

HISTOIRE

DU

COLLÈGE DE SAINTES

(Charente-Inférieure)

PAR

F. XAMBEU

PRÉFACE

Il y a plusieurs manières d'écrire l'histoire d'un Collège.

L'un s'occupera surtout des congrégations et des corps enseignants qui l'ont dirigé ; il racontera avec détail la vie des deux ou trois hommes éminents qui y ont vécu, celle des deux ou trois élèves remarquables qui en sont sortis ; il fera avec le plus grand soin la description et l'inventaire de la chapelle, de la sacristie, de la cuisine, des dortoirs, des salles d'étude et de classe ; il donnera le prix du pain, du sel et de la viande aux différentes époques, le tout avec pièces complètes.

L'autre tirera des documents officiels, des registres du personnel et des élèves les renseignements importants ; il indiquera les méthodes, suivra la marche de l'enseignement, notera l'influence que le Collège a exercée dans la région.

L'auteur a adopté la seconde manière.

Le lecteur, ami du Collège, trouvera peut-être que cette histoire contient quelques documents intéressants, certaines réflexions en dehors du sujet, beaucoup trop de noms et sans doute un grand nombre d'erreurs, « *échappées à l'attention et à l'humaine faiblesse* ».

Il est assez difficile de contenter tout le monde.

Le lecteur *contentera* assurément l'auteur de cette histoire, s'il veut bien lui adresser ses observations et l'aider à réparer dans une deuxième édition toutes les omissions et toutes les inexactitudes commises.

Cette deuxième édition paraîtra avec le texte complet de tous les documents trouvés soit aux archives municipales, départementales, nationales, soit dans les études de notaires et collections particulières, lorsque l'*Association Amicale* des élèves du Collège de Saintes sera définitivement organisée.

L'auteur a le devoir d'indiquer la part qui revient à M. Moufflet, ancien Principal. Après l'incendie de 1871 qui détruisit la Mairie et la Bibliothèque de Saintes, M. Moufflet a remis dans les archives de la ville *les extraits des délibérations anciennes* du corps municipal concernant le Collège.

L'auteur remercie M. de Richemond qui a mis à sa disposition tout ce qui se trouvait aux archives départementales sur les Jésuites et l'Ecole Centrale ; M. Chapsal, principal, qui lui a donné communication de tous les registres qui existent au Collège ; Messieurs de la Commission et de la Société des Arts et Monuments historiques de la Charente-Inférieure qui ont voulu admettre cette œuvre dans leur Recueil.

TABLE DES MATIÈRES

Cette histoire contient huit parties, suivies chacune des documents et notes correspondants.

PREMIÈRE PARTIE

LE COLLÈGE AVANT LES JÉSUITES

De 1571 à 1611

Il y avait un collège à Saintes en 1571. La nécessité d'instruire la jeunesse s'était surtout imposée depuis la Réformation. L'Edit royal de 1560 qui avait pour but d'organiser l'instruction dans les villes qui n'avaient pas d'université, créa à Saintes les premières ressources. « Toute église cathédrale ou collégiale qui aura plus de dix prébendes sera tenue de laisser l'une d'elles pour l'entretien d'un précepteur qui instruira gratuitement les jeunes gens. Ce précepteur sera nommé ou destitué par l'Évêque sur la présentation et les propositions des chanoines de l'Église, des Maires et Échevins, des Conseillers et Capitouls de la ville. »

On lit dans les archives de la Charente-Inférieure (D. 4) que, le 24 mars 1571, la maison de Pierre Guibert, avocat, fut achetée moyennant 1700 livres, par M. Arnaud Leblanc, conseiller au Présidial, pour servir de Collège.

Il est probable que Jehan Jolly, grand vicaire de l'Évêque, sommé le 25 février 1571 par le corps municipal de faire venir le Régent, avait pris les mesures nécessaires et que le Régent put être installé le 24 mars. Ce Régent, dont le nom est inconnu, veut partir dès le mois de mai 1572, car on lui a refusé des appointements, c'est-à-dire la prébende.

Satisfaction lui fut-elle donnée, ou bien ce régent fut-il remplacé? Rien ne l'indique dans les documents. On trouve une délibération du corps de ville en date du 3 mars 1576 portant que : « Il y a plusieurs escolles qui gâtent entièrement la grande. Les « enffans qui sont ès dites escolles comme chez Maître Jehan le « chantre, vont ordinairement au chasteau et jettent pierres et « aultres choses sur la maison de la grande escolle. Inhibitions « sont faites à maître Jehan et touls aultres de tenir aucun « exercice pour endoctriner les enffans, et il n'y aura que la « grande escolle. »

Le Régent ou les Régents qui ont demandé ces inhibitions tiennent au monopole qui leur a été accordé par les édits royaux.

Un an après, le 26 janvier 1577, une requête pour la garantie des mêmes privilèges est présentée à Messieurs de la ville par Pascal Arnauld, nommé principal du Collège et par Claude Le Riche, maître ès arts, Régent ; de plus, disent-ils dans la même requête, « qu'il vous plaise de nous déclarer exempts de loger soldats et autres gens de guerre, de faire garde » et en outre « que les sallayres qu'ils prendront pour chacun escollier et par mois soit par vous taxé, ayant esgard à la grandeur de peyne et cherté de vivres. »

Par une délibération du 9 février 1577, « le Mayre et les Echevins accèdent aux demandes de dispense des charges publiques, font inhibitions de tenir eschollès privées ou d'y envoyer sous peine de cinquante livres et fixent la rétribution mensuelle à six sous pour chacun des enffans. »

Les différentes dispenses avaient été accordées et confirmées aux membres des universités et des écoles par les édits de 1364, 1383, 1488, 1539, 1543.

Le Chapitre n'a pas encore donné le revenu d'un chanoine ; cependant les Régents doivent vivre et le corps municipal, sans ressources, doit consentir à une rétribution collégiale.

Le Chapitre résiste jusqu'au jour, 29 mars 1583, où un arrêt du Parlement de Bordeaux le condamne à payer deux cents écus pour le Précepteur : à partir de cette époque, Mgr l'évêque et Messieurs du Chapitre vont établir leurs droits de nomination, d'examen des capacités des Régents et de vérification de l'emploi de la prébende.

Il faut admettre que le nombre des élèves de la Grande Escolle allait en augmentant, car déjà le 20 avril 1581 une requête avait été présentée au Parlement par le Gouverneur Général « aux fins de contraindre le Corps de Ville à élever un Collège ». Le Corps de Ville reconnait que le Collège actuel est insuffisant, que l'intérêt de l'instruction de la jeunesse exige que l'on en construise un autre plus commode et plus approprié à sa destination ; il offre l'ancien local pour « y establir le nouvel établissement. »

Des dépenses sont votées pour les meubles du Collège, le 22

octobre 1583; une maison est achetée le 7 novembre et l'ancien local doit être abandonné et vendu aux enchères.

Pascal Arnauld avait été obligé de quitter le Collège; deux nouveaux Régents étaient venus de Bordeaux le 7 juillet pour tenir la Grande Escole et avaient été installés le 9 juillet 1583, après soutenance des thèses devant l'évêque, le Chapitre, le Maire et les échevins.

Le nouveau principal Raymond Clavier se trouve bientôt dans l'obligation de lutter contre le Chapitre qui n'a pas encore payé les quatre cents livres dues pour l'entretien d'un précepteur, contre Messire Grévoille et les autres maîtres d'Ecole qui reçoivent des élèves, contre l'administration municipale, mécontente de sa tenue et de son enseignement; cette lutte dura jusqu'en 1611.

Deux délibérations, l'une du 13 décembre 1587 et l'autre du 13 juillet 1590 nous montrent qu'une enquête fut faite sur la situation du Collège. Le Principal fut admonesté et deux nouveaux Régents arrivés depuis quelques jours sont avertis « de former propositions publiques et disputes qui seront soutenues avant leur installation. »

Il faut admettre que les choses se passèrent d'une manière assez régulière pendant les huit années suivantes, car aucune plainte n'est formulée jusqu'au 20 mai 1598.

A cette date, Messieurs du Chapitre demandent à Messieurs de la Ville de vouloir se joindre à eux pour soutenir devant la cour de Bordeaux le procès contre le Principal Raymond Clavier « concernant le règlement de restablissement du Collège ».

Le 24 décembre de la même année « a été proposé par le sieur Mayre que le Collège de la présente ville est mal administré, que la jeunesse y perd le temps, que les parents sont obligés d'envoyer leurs enfants dans d'autres établissements ».

Les mêmes plaintes se renouvellent le 22 mai 1599; les mêmes observations sont faites au Principal Raymond Clavier et les Régents Chistophe et Bertrand sont interrogés le 25 juin par une Commission.

Les réclamations du Principal paraissaient légitimes; il agissait contre le Chapitre à propos de la prébende pour laquelle des difficultés s'élevaient chaque année; il protestait devant le Conseil de Ville à cause de l'insuffisance du local et du matériel du Collège; il demandait inhibitions contre les maîtres qui recevaient des élèves pour l'enseignement secondaire. Sa requête du 16 août 1604 vise les prétentions de tous ceux qui veulent s'immiscer à instruire la jeunesse.

Raymond Clavier n'ignorait pas les démarches déjà faites en faveur des Jésuites.

Vers 1606, le Collège avait été démoli ; il est probable que le Principal et les Régents s'étaient installés dans une autre maison et qu'ils continuèrent à enseigner jusqu'en 1610 ou 1611 ; cela résulte des délibérations du 30 décembre 1606 et du 20 octobre 1607 ; il est dit dans cette dernière que M. le Principal, attendu qu'il est fourni de Régents capables et suffisants, nous a requis de faire défense à ceux « qui s'ingèrent de tenir escolles, d'en « faire exercice, sinon qu'ils envoient leurs écoliers aux leçons « ordinaires du Collège... »

On ne parle plus des Régents à partir de 1609 ; les négociations avec les Jésuites étaient établies depuis longtemps ; ceux-ci durent ouvrir leurs classes vers 1611 dans leur maison provisoire ; il est dit dans une note du 30 mai 1611 : « Avant « l'établissement des Jésuites en ceste ville ; il y avait le sieur « Raymond Clavier qui estait professeur, mais comme ce Clavier « eut procès avec Messieurs du Corps de Ville, ils le firent « destituer. »

Dans les documents qui suivent, rien n'indique quel fut le plan des études pendant cette période de 1571 à 1611 ; le Principal et les deux Régents ne peuvent être considérés que comme des Répétiteurs qui groupaient autour d'eux quelques élèves pour leur enseigner un peu de latin.

On a dépeint bien souvent la situation matérielle, qui était faite aux professeurs dans des établissements analogues à celui qui existait à Saintes ; les réclamations continuelles du Principal prouvent bien qu'elle n'était pas brillante : « Il sera acheté deux « lits, deux challits (bois de lit), une douzaine et demie de vaiselle « et autres ustensiles nécessaires pour les deux Régents qui « arrivent de Bourdeaulx », dit une note du 7 juillet 1583. On prendra des mesures pour se procurer les deux cents livres pour l'entretien des Régents et six mois après la somme n'était pas encore payée.

Où était à Saintes la maison pour l'installation du Collège achetée le 24 mars 1571 ? Où était celle acquise le 7 novembre 1583 du sieur Viret (ou Veyrel) pour y faire le Collège ? Où se trouvait le jardin attenant de Dominique Dubourg payé par le sieur Goy, ancien maire ? On peut affirmer que la première était placée près du château, d'où les enfants jetaient des pierres, la seconde et le jardin étaient à côté, probablement près des Jacobins, sur le terrain que traverse la rue Delaage. Les anciens plans de la ville nous montrent les changements apportés dans ce quartier ; on sait que les alignements des rues en 1610 avaient aussi modifié la portion comprise entre la place actuelle du Synode, la rue de la Vieille-Prison, celle des Ballets et celle du Collège. Cet alignement fut sans doute préparé pour limiter le terrain sur lequel devait être bâti le Collège des Jésuites, qui est resté le Collège actuel, avec ses annexes et les aménagements apportés en 1788 et en 1881.

NOTES DE LA PREMIÈRE PARTIE

Les notes suivantes avaient été extraites des registres des délibérations du corps municipal de la ville de Saintes et recueillies par M. Moufflet, ancien Principal du Collège, avant l'incendie de la Mairie de Saintes et de la Bibliothèque, qui eut lieu le 12 novembre 1871. Voir à la Bibliothèque de Saintes le manuscrit « Recueil de pièces diverses relatives au Collège « Communal de Saintes et Notice historique par M. Moufflet. » Le manuscrit a été déposé, en 1874, à la Mairie de Saintes.

Quelques-unes de ces notes ont été publiées, en 1876, par MM. le baron Eschasseriaux et Audiat dans les « Etudes, documents et extraits relatifs à la ville de Saintes. »

..... *janvier 1571.* — « Aussy pour avoir un Régent pour l'instruc- « tion de la jeunesse et de la conférence qu'il convient faire avec « Messieurs les Evêques * et chapitre de Xaintes, suivant l'ordon- « nance de Charles IX portée aux Etats d'Orléans 1560, des « commissaires sont nommés à cet effet. »

* L'Evêque était Tristan de Bizet (1550-1576). Il se démit et mourut à Paris en 1579.

24 février 1571. — « Le sieur Jean Jolly, grand vicaire du R. P. « l'Esvêque, qui s'était chargé de faire venir le Régent n'en a rien « fait. Sera sommé et, s'il ne satisfait pas promptement, sera « poursuivi. » *

24 mars 1571. — Réparations au Collège. **

Dans les archives de la Charente-Inférieure (D. 4), on trouve le contrat d'acquisition (24 mars 1571) de la maison du Collège par M. Arnaud Leblanc, conseiller au Présidial de Saintes, de Pierre Guibert, avocat, pour 1700 livres.

31 mars 1571. — « Le syndic du chapitre refuse de payer la « prébende due au Collège. Sera présentée requête à la Cour pour « qu'il soit contraint de payer, nonobstant l'appellation pendante, « conformément à l'édit d'Orléans et aux lettres patentes du roy. » ***

17 mai 1572. — « Le Régent des enfants s'en veult aller, parce « qu'il n'a aucun gage ne recevant pas la prébende de St-Pierre qui « lui avait été promise. On en cherchera unq aultre de bonnes « mœurs et de bon savoir. » ****

3 mars 1576. — « Il y a plusieurs escolles qui gâtent entièrement la grande. Les enffans qui sont ès dites escolles comme chez maître Jehan, le chantre, vont ordinairement au chasteau, et jettent pierres et aultres choses sur la maison de la grande escolle. Inhibitions à maître Jehan et tous aultres de ne tenir aucun « exercice pour endoctriner les enffans, et il n'y aura que la grande « escolle. » *****

26 janvier 1577. — « Requête à Messieurs du corps de ville........ « Supplyent très humblement Pascal Arnauld, principal Régent du « Collège de la présente ville et Claude Le Riche, maître ès arts en « l'Université de Paris. Comme selon la vollonté et advis de Messieurs « les Evêque, Doyen, Chanoines et Chapitre de Xainctes, et de « vous Mesdicts sieurs, les supplyans ayant contracté société scolas- « tique, laquelle ils ont depuis fait rédiger par escript, ainsi qu'il « appert par le contract cy attaché, signé..... laquelle société aurait « été faite entre eux, aux fins de ranger et réunir toute la jeunesse « à une escolle publique, et pour le grand proffict et utilité, qui en « pourra revenir à y celle, selon qu'il a esté par plusieurs fois par « vous ordonné, et suivant les conditions accordées et convenances « faites avec le dict Arnauld, lhors que la charge du dict Collège lui « fut donnée.

« Ce considéré, Messieurs, il vous plaise de vos grâces suivant « les dicts pactes et vos ordonnances conformes en ce cas à celles « de toutes les bonnes villes de France et bien policées, aussy pour « le proffict de la dicte jeunesse, retrancher toutes escolles particu- « lières tant de la ville que fauxbourgs d'icelle et faire inhibitions « et deffances à toutes personnes de quelque qualité qu'ils soient, « de n'envoyer pour l'instruction de leurs enffans à aultres escolles « que la publicque (selon l'Edit du roi Charles IX), et à tenir en « même temps aulcunes escolles particulières, le tout à grosses

---

* Délibérations du corps de ville de Saintes, dans les « Etudes, documents et extraits », page 184.

** Même ouvrage, page 185.

*** Id., page 189.

**** Id., page 193.

***** Même ouvrage, page 272.

« peynes et de prison, et, affin que les susdicts supplyants puissent « plus commodément vaquer à l'instruction de la dicte jeunesse, « aussy suyvant les privillèges octroyés aulx régens et enseigneurs « d'icelle tant par les lois civilles que par les ordonnances royaux, « et confirmation des dicts privillèges par vous ci devant octroyés « à ceux qui les ont précédés en la dicte charge, il vous plaise de « les déclarer exempts de loger soldats ou aultres gens de guerre, « de faire garde et d'aultres charges publicques, et les susdicts « supplyants, ensemble la dicte jeunesse, pryeront Dieu pour vos « prospérités et santés ; et en oultre et ce faysent que les sallayres « qu'ils prandront, pour chacun escollier et par moys, soyent par « vous, mesdicts sieurs, taxés, ayant esgard à la grandeur de peyne « et cherté de vivres. »

9 février 1577. — Réponse à la requête ci-dessus.

« Le mayre et ses échevins accèdent aux demandes de dispense « des charges publiques, font inhibitions de tenir escholles privées, « ou d'y envoyer, sous peine de cinquante livres, et fixent la « rétribution mensuelle à six sous pour chacun des enfans. »

11 février 1577. — « Le sieur Robert de la Brousse fait opposition « aux inhibitions ci-dessus. » *.

14 juin 1578. — « Différends entre les maistres des escolles : « mandés devant le Conseil, il est arrêté qu'ils devront se confor- « mer au contract passé entre eux et la ville. » **

20 avril 1581. — « Requête est présentée au Parlement de « Bordeaux par le Gouverneur général aux fins de contraindre le « corps de ville à élever un Collège. Le corps de ville reconnaît que « le Collège actuel est insuffisant, que l'intérêt de l'instruction de « la jeunesse exige que l'on en bâtisse un autre, plus commode et « plus approprié en tout à sa destination. Il offre *l'ancien local* pour « y establir et bâtir le nouvel établissement. »

8 juin 1582. — « Requête au Parlement de Bordeaux pour obliger « les Doyen et Chanoines du Chapitre à fournir une prébende pour « l'entretien des précepteurs au Collège de la ville. »

3 août 1582. — « Le parlement de Bordeaux a rendu contre le « Chapitre un arrêt de retenue de cause.... Le Chapitre est disposé « à fournir la prébende........ Le corps de ville continue poursuites « pour l'entretien et nourriture des Régens du Collège. » ***

29 mars 1583. — Arrêt qui condamne Messieurs du Chapitre à « payer pour les précepteurs une prébende de deux cents écus. »

1er juin 1583. — « Sommation à l'Evêque, **** aux Chanoines, relati- « vement aux écoles. Du même jour, défense à tous ceux qui « tiennent école de continuer à les tenir et instruire les enfants qui « doivent être envoyés au Collège public. » *****

25 juin 1583. — « Remontrance de l'Evêque et du Chapitre tou- « chant le sieur Pascal, Régent, que les Maire et Echevins voulaient « mettre hors l'école. »

---

* Même ouvrage, page 277.
** Ibid, page 288.
*** Ibid. page 337.
**** L'évêque était Nicolas Le Cornu de La Courbre de Brée (1576-1617), mort à Saintes.
***** Ibid. page 350.

4 juillet 1583. — « Refus du sieur Pascal de sortir de l'école. »

7 juillet 1583. — « Arrivée de Bourdeaulx de deulx Régens pour « tenir les écoles. Mesures pour se procurer les deulx cents livres « et les meubles qu'on leur a promis. Il sera acheté deux lits, deux « challicts, une douzaine et demie de vaiselle et autres ustensiles « nécessaires. »

9 juillet 1583. — « Invitation à l'Évêque, aux Doyen et syndic du « Chapitre d'assister aux disputes qui seront soubstenues par les « Régens du Collège. » Installation des Régens.

17 septembre 1583. — « Arrêt contre le syndic du Chapitre pour « raison des quatre cents livres des écoles. »

22 octobre 1583. — « Dépenses pour le mobilier du Collège. »

7 novembre 1583. — « Le Maire a été visiter la maison du sieur « Samuel Vivet (ou Veyrel), m^tre^ apothicaire pour y faire le Collège. » Cette maison est achetée deux jours après pour 400 écus.

9 novembre 1583. — « L'ancienne maison des écoles sera vendue « aux enchères. » *

18 janvier 1584. — « Réclamation des Régens du Collège pour « deux cents livres qui leur sont dues pour leur entretien. » Le Chapitre n'a pas payé. **

28 janvier 1584. — « Poursuite contre le Chapitre à raison de la « prébende de quatre cents livres due pour l'entretien du précepteur « pour instruire la jeunesse. »

19 mars 1584. — « Le Principal des écoles se plaint de ce qu'il « n'a pas lieu convenable pour retirer les enfans qui vont au Collège. » Des mesures seront prises. ***

Sans date. — « Demande de Pierre Duprat, maistre d'escritures, « natif de Bourdeaulx pour tenir escolle, enseigner à écrire.... » Cette demande fut agréée le 12 janvier 1585. ****

14 juillet 1584. — « Le syndic du Chapitre somme le Conseil de « rendre compte de l'argent qu'il a donné en vertu de l'arrêt de la « Cour pour le Collège et l'entretien des Régens. » *****

16 octobre 1585. — « Réparations au Collège. » ******

12 décembre 1587. — « Le sieur Raymond Clavier, Principal du « Collège, se plaint de ce que, contrairement à l'arrêt donné en la « Cour, Messire Regner Grévoille, prêtre, retire aulcuns enfans « dans sa maison pour les enseigner. Le dict Clavier est introduit. « Le Maire lui adresse plusieurs reproches. Il a méprisé la maison « de céans ; il a fait quelques concordats sans en communiquer à « la Compagnie et à Messieurs du Chapitre ; il n'a pas assez de « Régents, il n'a pas donné les noms et cognoms des enfans qu'il « reçoit ; il fait payer les pauvres comme les riches ; il « prend dix et vingt sols par mois, ce qui est excessif. Le Principal « repousse ces reproches. Il sera signifié au sieur Grévoille de ne « tenir escolle. » *******

---

* Documents et extraits, page 352.
** Ibid. page 355.
*** Ibid. page 356.
**** Ibid. page 362.
***** Ibid. page 364.
****** Ibid. page 384.
******* Ibid. page 402.

10 décembre 1588. — Le Principal du Collège se plaint de ce que « aulcuns, qui sont indignes, instruisent la jeunesse contrairement « aux deffences faites. Deux eschevins, par chaque semaine, « aviseront et poursuivront à ce qui sera requis pour l'instruction « de la jeunesse. » *

13 juillet 1590. — « Délibération sur le règlement du Principal du « Collège et Régens.

« Procès-verbal d'enquête faite par les sieurs Goy et Du Bourg, « échevins et les Messieurs du Chapitre. Inhibitions et deffenses « seront faites au Principal de ne fréquenter de visites..... à peyne « de privation de l'estat de Principal. Il sera admonesté de vivre « aultrement qu'il n'a fait ci devant et instruire mieux les enffans « et avertir les nouveaux Régens de former propositions publiques, « disputes qui seront faictes, thèses soutenues et affichées..... et en « bailler copie à qui ils adviseront. »

20 mai 1598. — « Proposition du sieur Mayre disant qu'il a été « requis par Messieurs les Doyen, Chanoines et Chapitre de la pré- « sente ville de proposer à l'assemblée de la maison de Céans, si « l'on se voullait se joindre avec eulx au procès pendant en la cour « du parlement de Bourdeaulx contre M. Raymond Clavier, Principal « Régent du Collège, concernant le règlement de restablissement « du dict Collège.

« A esté délibéré et arresté que Messieurs du Chapitre parlent « par écrit. »

24 décembre 1598. — « A été proposé par le dict sieur Mayre que « le Collège de la présente ville est mal administré et la jeunesse « pert le temps; et les parents des escolliers contraints envoyer « leurs enffans dans des villes, lieux et endroits pour les instruire « à grands frais, à quoi il est besoin pourvoir. Sur ce déli- « béré, a esté arresté que MM. Goy et Aymar feront procès-verbaux « de inquisition de la plainte contre le Principal Régent Raymond « Clavier, pour en faire de icelle rapport. . . . . . . »

23 janvier 1599. — « M. Raymond Clavier a présenté requeste à « la cour de parlement de Bourdeaulx par raison de la prébende « préceptorale afin qu'elle soit maintenue au Collège de Xainctes. »

22 mai 1599. — « A été proposé par le-dit Goy, Procureur, que « cy devant il avait été arresté qu'il sera pourveu au Collège de la « présente ville, attendu que la jeunesse pert le temps. A été « arresté qu'il y sera pourveu et que les Régens viendront pour être « ouys et, que pour les ouyr, sont depputez à vendredi prochain « M. le maire, Herne, de la Vascherie. »

25 mai 1599. — « Le sieur Goy s'est transporté au Collège pour « icelui visiter. . . . . . .

« Sur ce délibéré, a esté arrêté que le dit Clavier, Principal et en- « semble les Régens seront mandés pour être en l'assemblée ouys « sur leur capacité, lieu de naissance et études. Et estans les dicts « Clavier, Christofe, Bertrand. . . . . . ont dit qu'ils avaient fait « leurs études à Paris et qu'ils étaient maître es arts. »

« Il a été remontré au dict Clavier qu'il usait de mauvaise vie ou « aurait usé par le passé, l'admonestant de mieux faire à l'avenir, « aultrement qu'il y sera pourveu et qu'il sera nommé personnes « pour ouyr la capacité des susdicts régens. »

---

* Documents et extraits, page 420.

23 juin 1599. — « A été arresté que M. le maire, Herne et de la « Vascherie interrogeront les Régens en chambre du Collège et inhi- « bition et deffense seront faites à tous les autres dicts régens pré- « tendus et entre aultres à unq nommé Guillaume Virq. . . . de ne « tenir escolle en la présente ville et faux bourgs. »

8 janvier 1600. — « Il a été dit par le sieur Mayre que Messieurs « les Députés du clergé de Saintes lui avaient fait entendre qu'ils « voullaient adviser unq Collège de Jésuites... attendu que depuis « douze ans le principal avait si mal fait son devoir, que le Collège « était tombé en ruyne, à raison de sa mauvaise vie et négligence « cogneue........

« A esté arresté que les sieurs Mayre, Badiffe et Herne se trouveront « à l'asssemblée de MM. les Depputez du clergé pour adviser un « moyen de bastir unq Collège, comme étant chose fort utile et « nécessaire. »

25 janvier 1600. — « A été proposé par le sieur Mayre que « Monseigneur d'Espernon est disposé pour établir en ceste ville « un Collège de Jésuites.... »

16 août 1604. — « Requête présentée par le Principal Raymond « Clavier contre toutes prétentions des personnes qui veulent « s'immiscer à instruire la jeunesse.

30 décembre 1606. — « M. Raymond Clavier, Principal du Collège, « fait savoir que Mgr de Xaintes et Ms du chapitre lui ont fait « entendre qu'ils feront saisie de la prébende préceptoriale et « supplie Messieurs de cette maison d'y donner ordre.

« Sur ce délibéré, a esté arresté que les dicts sieurs de Xainctes « et du chapitre seront supplyés d'avoir patience et que bientôt le « dict Collège sera remis en meilleur état qu'il n'était auparavant. »

« A été arresté le même jour que l'appréciation et évaluation du « Collège qui a été démoly sera faite par Pierre Fourestié, Lesné et » Benjamin Rousselet marchands et avec les maitres massons et « charpentiers qui ont fait la démolition. »

20 octobre 1607. — « Est entré au dict Conseil M. Raymond Clavier, « chanoine de l'Eglise cathédrale de Saint-Pierre de Xainctes et « Principal du Collège, lequel a remontré que depuis deutx moys « M. de Xainctes lui a envoyé dire qu'il lui ferait saisir les gros » fruits de sa prébande préceptoriale, d'aultant que la jeunesse de « cette ville et faulxbourgs n'est point instruite. La faute de ce « provient de ce que le Collège antien ayant été descouvert et desmoly, « il n'avait moyen d'y retirer les escolliers à couvert, ni d'y loger « ses régens, sur quoy fut lhors délibéré que M. de Xainctes serait « prié de suspendre la saisie du dict gros jusqu'à ce que M. le « Président de cette ville eut donné commodité de mettre à couvert « les dicts escolliers et régens, attendant que le Collège soit rebasti « suivant la promesse du dict sieur Président, et d'aultant qu'il y a « déjà assez longtemps qu'il nous aurait fait cette remonstrance....

« M. le Principal, attendu qu'il est fourny de régens capables et « suffisans s'en soubzmettants à l'examen que nous en pourrions « faire, nous a requis de faire deffance à aulcuns qui s'ingèrent de « tenir escolles, d'en faire exercice, sinon qu'ils envoient leurs « écoliers aux leçons ordinaires de ce Collège. . .

« Sur ce délibéré, a été arresté que les remontrances faites par le « dict Clavier seront représentées. . . . . »

14 Février 1609. — Requête de Messieurs de la dicte relligion prétendue réformée présantée au Roy, touchant la desmolition du Collège de ceste ville, assignation faite à Messieurs du corps de ville.

29 avril 1609. — L'intention de M. le Président des Brosses sur la fondation et dotation du Collège qu'il a promis est tellement éloignée pour ce qui concerne le bastiment de ce que les RR. PP. avaient attendu que ces derniers ne peuvent pas accepter. . . . d'autant que la principale pièce du dict Collège qui est l'église ou chapelle ne leur est ni promise, ni proposée. . . .

16 avril 1610. — Réponse de MM. du corps de ville à Messieurs de la religion réformée :

« Il sera remonstré par Requête au Roy que M. Maistre Jacques « Guitard, escuyer, sieur des Brosses et de la Vallée, Conseiller du « Roy et Président au siège présidial de Xainctes a fait desmolyr « l'ancien et ruyneux Collège pour en bastir et fonder unq aultre à « quoi il est obligé envers le Roy et suyvant les lettres de déclara- « tions qui en ont été obtenues, et sur cette poursuite, il est « équitable que de le dict sieur Président descharge d'icelle pour- « suite les dicts sieurs Mayre et Echevins qui ne sont en aulcune « coulpe. Ils ne demandent que la construction et fondation du dict « Collège depuis longtemps promis. »

10 avril 1610. — « M. le Président des Brosses répond que ce « n'était pas lui qui avait fait ruyner le Collège, mais que c'estoyt « le corps de ville ».

29 octobre 1610. — « Une nouvelle assignation est adressée au « Corps de Ville pour rebastir la maison du Collège qui a été « desmolie. »

23 septembre 1611. — « Le Père Provincial des Jésuites déclare « qu'il se prépare pour un aultre lieu propre et commode affin de « y bastir et construire leur Collège. »

16 juillet 1612. — « A été arresté que, vu le commandement du « seigneur d'Ambleville, Lieutenant du Roy de la Province, « relativement aux barrières à construire, il sera pris des bois « nécessaires pour faire les dictes barrières de la dépouille de « l'antien Collège, à la charge de les rétablir par la ville au cas que « le dict Collège serait réédifié. »

21 février 1615. — « Poursuite sera faite contre les habitans qui « refusent de payer leur part promise sur la somme de six mille « livres pour l'ameublement et la bibliothèque du Collège des « Jésuites. »

16 mai 1617. — « A été proposé par le sieur Mayre qu'un « Régent s'était de luy même introduit dans ceste ville pour « instruire les enfans de Messieurs de la religion prétendue « réformée, de quoy ayant le dict sieur Mayre esté adverty, il lui a « fait commander de sortir hors de la ville, et que depuis MM. « Roze et Lafaudin, comme depputez des prétendus réformés, sont « venus prier le Mayre de permettre que le dict Régent continue sa « demeure et instruction.

« Sur ce délibéré, a esté arrêté que les personnes de la religion « prétendue réformée se pourvoyront sur ce subject suivant les « édicts et ordonnances royaux et commandement de Mgr le duc « d'Epernon. »

Voici la liste des Maires de Saintes depuis 1571 jusqu'à 1620 qui se sont occupés du Collège : (voir *Documents et Extraits.....*)

1571. Jehan Blanchard.
1572. Jehan Roy.
1573. Jehan Aymar.
1574. Ythier Senné.
1575. Jehan Blanchard.
Ythier Senné.
1576. Thomas Cyvadier.
1577. Nicolas Moyne.
Thomas Cyvadier.
1578. Henry Moyne.
1582. François Le Brethon.
1585. Jehan Huon.
1586. Etienne Soullet.
1587. Henry Moyne.
1588. Jehan Buhet.
1589. Jehan Farnoulx
François Le Brethon.
1590. François Le Brethon.
1591. François Le Brethon.
Henry Moyne.
1592. Henry Moyne.
1595. Raymond Ogier.
1596. Jehan Guillebon.
1597. Jacques Regnault.
1598. Dominique Du Bourg.
1600. Jacques Aymard.
1601. Denis Huon.
1602. Jehan Hervé.
1603. Etienne Goy.
1604. Etienne Soullet.
1605. Michel Badiffe.
1606. Henry Moine.
1608. Etienne Soullet.
1609. Jacques Aymar.
1612. Henry Moine.
1614. François Hervé.
1615. Mathieu Blanchard.
1616. François de Chemeraud.
1617. Jehan Richard.
1620. Jacques Badiffe.

Depuis 1617 jusqu'à 1762, MM. les Maires n'eurent aucune action dans le Collège.

DEUXIÈME PARTIE

LES JÉSUITES

1611-1762

Dans la séance du 8 janvier 1600, M. le Maire Jacques Aymard annonce aux membres du corps de ville que Mgr l'évêque et son clergé lui ont fait la proposition d'établir à Saintes un Collège qui serait tenu par les Jésuites.

Deux ans auparavant mourait à Saintes Charles Guytard qui avait été Sénéchal de Saintonge et qui, entré dans les ordres en 1587, était devenu Doyen du Chapitre des Chanoines ; le testament de Charles Guytard portait des legs pour la construction d'un nouveau Collège et pour la création d'un hôpital.

Une opposition puissante s'était manifestée depuis quelques années contre Raymond Clavier, le principal du Collège.

Les délibérations suivantes du corps de ville l'indiquent d'une manière assez claire ; le 12 décembre 1587, le Principal est réprimandé par le corps de ville, « il n'a pas assez de Régents, » il n'a pas donné les noms des enfants qu'il reçoit, il fait payer » les pauvres comme les riches, il prend dix et vingt sols par mois, » ce qui est excessif » ; le 10 décembre 1588, le Conseil de Ville décide que « deux échevins par semaine adviseront et pourvoiront à ce qui sera requis pour l'instruction de la jeunesse » ; le 13 juillet 1590, il est dit que les nouveaux Régents soutiendront des thèses publiques auxquelles les autorités civiles et religieuses seront invitées, que le Principal sera admonesté...... ; le 24 décembre 1598, une délibération porte que « le Collège de la présente ville est mal administré et que les parents des eschollers sont contraints d'envoyer les enfants dans d'autres villes. »

Les Jésuites voulurent profiter de cette situation et ils formèrent le projet de prendre au nom de leur société la direction du Collège qui allait être reconstitué, grâce à la libéralité de Charles Guitard.

Depuis le jour (17 septembre 1540), où Dom Inigo Lopez de Recalde, connu sous le nom d'Ignace de Loyola, avait obtenu du pape Paul III l'approbation et les privilèges de la Compagnie de Jésus, la propagande avait été bien conduite. Les sept du 15 août 1534 (Ignace Loyola, François Xavier, Lainez, Salmeron, Bobadilla, espagnols ; Rodigues, portugais ; Lefèvre, savoyard), (auxquels il faudrait joindre Le Jay, savoyard ; Jean Codure, français ; le roi Jean III de Portugal, le pape Alexandre Farnèse Paul III), étaient devenus dix mille en l'an 1600.

L'ordre de Jésus avait rencontré en France les sympathies et l'approbation de la Cour ; mais le Parlement, la Sorbonne (1554), le Clergé (1561) avaient opposé de la résistance à son établissement. La lutte contre la Réformation semblait devoir être la tâche la plus importante de la congrégation ; [illegible] Loyola et ses successeurs comprirent bientôt que le succès et l'avenir appartiendraient à ceux qui auraient en mains l'éducation de la jeunesse.

A Saintes des difficultés s'élevèrent contre les propositions faites en faveur des Jésuites pour la direction du Collège ; les Calvinistes soutinrent le Principal Raymond Clavier. Le corps de ville semblait vouloir se mettre en dehors de toutes les discussions.

L'ancien local du Collège devait être abandonné ; les causes de cet abandon ne se trouvent pas seulement dans son exiguité et dans son aménagement ; il résulte des attestations en date des 10 février 1622 et 14 février 1623 faites par Louis Deperne, gouverneur de la ville, que les anciens bâtiments du vieux Collège ont été pris pour les fortifications de la citadelle. Le texte des lettres patentes du roi porte qu'il n'existait, au mois de juillet 1605, aucun Collège pour l'instruction de la jeunesse dans la capitale de la Saintonge (aucun Collège complet pour les lettres et sciences *probablement* ou bien aucun bâtiment pour recevoir les écoliers.)

« Sur ce qui nous a été remonstré et faict entendre par les « Mayre et Echevins de nostre ville de Xainctes, qu'en y celle, « combien qu'elle soit la capitale de la Xainctonge, il n'y a « aucunq Collège pour l'instruction de la jeunesse aux lettres et « sciences, et qu'ils désirent tant pour la décoration de la dicte « ville, que pour retirer les enffans de l'oysiveté en laquelle ce « défault les a jusqu'à ce jour plongés, d'y en établir unq......... « A ces causes, nous leur avons permis, permettons, accordons « et octroyons, voullons et nous plait qu'ils puissent et leur soit « loysible de faire construire et bastir un Collège en notre dicte « ville de Xainctes, en une place d'ycelle, depuis la maison de « nouveau bastie par François Chambeau et le long de la rue « jusqu'à l'estable de Dominique Dubourg, docteur en médecine, « y comprenant les appartenances des jardins et basses cours « des Jacobins, tirant droit vers le jardin de feu l'esleu Dupuis, « comme estant le lieu qui incommode le moins la ville........ « pour y celui Collège ainsi construit et basti, être rempli de tel « nombre de personnages qu'ils choisiront de la capacité et « suffisance requyses pour y faire la fonction nécessaire aux « classes, formes et règles qu'ils adviseront et ainsi qu'il se fait « aux autres Collèges des bonnes villes de notre dict royaume, « et afin que les dicts Mayre et Echevins aient plus de moïens « d'entretenir et accomoder les maistres, Régents et aultres qui « seront par eux mis dans le dict Collège, nous leur avons aussi « permys d'accepter les fondations qui leur seront faictes par les « dicts Nobles, Bourgeois, manans et habitants, en quelque « sorte et manière que ce soyt, d'en disposer au proffit du dict

« Collège, comme ils jugeront estre plus à propos et convenable.»

M. Moufflet qui avait pris copie de ces documents fait observer dans sa notice sur le Collège de Saintes que les Jésuites ne sont pas même nommés dans le texte. Le Roy laisse au corps municipal le choix des Régents et la liberté des méthodes d'enseignement.

Il ne faut pas oublier que dix ans auparavant, par arrêt du 29 décembre 1594 et par l'Edit Royal du 7 janvier 1595, les Jésuites avaient été déclarés ennemis du roi et de l'Etat « faisons en outre très expresses inhibitions et défenses à tous nos sujets de quelques états et conditions, d'envoyer les écoliers aux Collèges de la dite société qui sont hors de notre royaume pour y être instruits, » mais dès 1603, le roy permit le retour des Jésuites et la régente veuve d'Henri IV leur accorda par lettres patentes du 20 août 1610 la permission de rétablir le Collège de Clermont.

Le 8 juin 1606, les constructions du Collège n'étaient pas encore commencées : Raymond Clavier était toujours Principal. Jacques Guytard, le fils du donateur de 1598, ne paraît pas trop favorable aux Jésuites, il se présente le 8 juin 1606 devant les Échevins et dit que : « chargé par les dernières volontés de feu son père « de construire un hôpital dans la ville de Saintes, puis de faire « bastir et fonder un Collège pour l'instruction de la jeunesse, « il s'est mis en debvoir de procéder à leur exécution ; mais en « ce qui concerne le second point de ses obligations, il se serait « employé, *non si bien qu'il eut désiré*, pour n'avoir été assisté « du dict Corps, ainsi qu'il eust été requis, n'aiant encore faict « au dit Collège que achepter un jardin et une maison joignant « l'antien Collège, *qu'il faut mettre par terre*, si tant est que le « dict corps de ville juge la dicte place assez spacieuse, pour « l'accélération duquel bastiment il aurait requys le dict Corps « de faire nomination de deulx ou trois d'ycelluy pour l'assis- « ter....., n'ayant rien plus à cœur que d'en voir une briève « issue pendant qu'il est au monde, craignant qu'après son « depcès, ses héritiers n'apporteraient telle affection et diligence « qu'il fault, déclarant néantmoins avoir pourveu au dict effet « dès à présent, en sorte que le dict Collège, après son depcès, « faict et fondé, *le gouvernement et administration* duquel dict

3

« Collège *il veult et entend demeurer au dict corps de ville, de*
« *préférence à tous aultres*, comme il a plusieurs fois faict
« entendre.

» Le sieur Mayre, *pour tout le corps de ville et en présence*
« *des susdicts*, après avoir remercié Messire Jacques Guitard du
« bien et honneur qu'il pourchasse à la dicte ville et a toujours
« pourchassé, comme pareillement le dict feu son père, dont le
« dict Corps lui a et aura, tant en général qu'en particulier, une
« très étroicte et particulière obligation, a offert pour le dict
« Corps de lui assister en tout ce qu'il pourra tant pour le para-
« chèvement d'uncq hospital que construction et bastiment du
« dict Collège, et, pour cet effet, avoir cy-devant nommé les
« sieurs Aymard et Daly, le priant de les avoir pour agréables et
« en prendre tels autres dudict Corps que bon luy semblera qui
« seront toujours prêts d'y vaquer, toutes choses cessées. »

Il est incontestable que tous n'étaient pas d'accord à Saintes ; les uns soutenaient Raymond Clavier et comprenaient avec Jacques Guytard que le jour où le Collège serait confié à la Société de Jésus, le corps de ville n'aurait plus son droit d'initiative dans le gouvernement et l'administration de la maison ; les autres depuis 1600 désiraient le départ du Principal et voulaient pour les enfants de la Cité une instruction mieux suivie et plus développée.

Les Jésuites continuaient leur œuvre, ils s'entouraient de toutes les influences ; ils avaient pour eux Mgr Nicolas de la Courbe, évêque de Saintes, Mgr le duc d'Epernon, gouverneur de la Province, plusieurs membres du corps de ville ; ils préparaient tous les moyens pour l'édification et l'entretien d'une maison digne de les recevoir.

La question est résolue au mois d'octobre 1607 et les lettres patentes du roi Henri IV, enregistrées deux ans après le 28 octobre 1609 au Présidial de Saintes, autorisent sur la demande de l'Evêque, du Chapitre, du Maire, des Echevins, manans et habitants de la ville de Saintes, la Société des Jésuites, « à établir
« unq Collège dans la dicte ville et de le composer de tel nombre
« de personnes d'y celle Société qu'elle verra y être nécessaire
« pour le service divin et instruction de la jeunesse aux bonnes
« traditions et mœurs, et aux classes, règles et formes qu'elle a

« coutume......., de faire bastir y celuy Collège et immeubles « qui leur seront délivrés par les dicts manans et habitans en « général et particulier, notamment la fondation de maître « Jacques Guytard....., le tout sous les expresses charges et « conditions portées par l'Edit du moys de septembre 1603 ; et « afin que les dicts habitans aient moien d'accomoder les dicts « Jésuites, nous voulons qu'ils puissent et leur soyt loisible de « leur bailler et laisser leur Collège si aulcunq en ont basti ou à « bastir, et pour l'agrandir et accomoder le lieu où sera celui de « la dite Société, s'il se trouve à propos de le faire en un « aultre endroit de la dicte ville, de prendre des jardins et « maisons proches et adjacentes pour bastir une église et autres « choses nécessaires pour cet effect, en paiant les propriétaires « du prix d'ycelles de gré à gré. »

Toutes les précautions avaient été prises par les Jésuites ; ces lettres patentes leur accordaient tout : le legs Guitard et les futurs legs ; le choix du local et la construction du Collège ; le gouvernement et l'administration conformément aux Constitutions de l'ordre.

Il n'y avait plus qu'à attendre.

Le 29 juillet 1608, une réunion a lieu à l'Evêché où Messieurs du Chapitre et du corps de ville d'un côté et Messieurs les Jésuites de l'autre côté, cherchent les moyens pour arriver le plus tôt possible au but désiré.

Une délibération extraite des Registres du Synode (4 novembre 1608) porte la promesse faite par le clergé d'une rente annuelle de mille livres en faveur du Collège qui sera tenu par les Jésuites ; cette rente fut portée plus tard le 10 mai 1611 à 1400 livres devant servir pour la nourriture des Jésuites.

Plusieurs habitants (ceux de la religion réformée sans doute et aussi les amis du Principal) protestent en février et en mars 1609 devant le Conseil du Roy ; M. le Président Jacques Guytard, l'exécuteur testamentaire des volontés de son père, fait une longue opposition et le 29 avril 1609, les Jésuites déclarent aux Echevins réunis qu'il leur est impossible d'accepter les propositions de Jacques Guitard, qui aurait voulu conserver l'ancien local ou prendre un local voisin aggrandi par l'acquisition des jardins et maisons environnants.

Une double requête est présentée au juge Prévôt le 20 octobre 1610 de la part des habitants pour obliger la ville à rebâtir le Collège; cette requête fut sans effet. Noble homme Jacques Aymard, qui avait reçu et approuvé en 1600 les propositions faites en faveur des Jésuites, avait été renommé Maire en 1609 et maintenu en 1610 et en 1611; le 11 mai 1611, il adresse trois sommations: *la première* à Jacques Guitard, Président du siège Présidial de Saintes, d'effectuer la promesse par lui faite au mois d'octobre 1608 et donnée par écrit de bâtir « suivant la permission octroyée par lettres patentés » le Collège pour l'instruction de la jeunesse et en outre de fournir un revenu annuel de 1600 livres; *la seconde*, au clergé de Saintonge de payer la rente annuelle de 1400 livres promise en 1608 et le 10 mai 1611, pour l'entretien des Jésuites; *la troisième*, aux R. P. Jean Déchamp et François Dusollier, prêtres de la Compagnie de Jésus, d'avoir à commencer l'exercice des classes.

Le même jour Jacques Aymard se met à la tête d'une souscription par laquelle les habitants de Saintes qui auront signé s'engagent à payer la bibliothèque et l'ameublement du Collège des Jésuites.

Ces documents prouvent bien que les Jésuites ont au plus tôt ouvert leurs classes au commencement de l'année scolaire 1611-1612 et tout porte à croire que l'ancien principal Raymond Clavier avait continué son enseignement jusqu'à cette époque.

Le 23 septembre 1611, le R. P. Chambon, provincial, se présente devant Messieurs du clergé et du corps de ville réunis chez Mgr l'Evêque et annonce qu'un local a été choisi « afin de bastir et construire le Collège. » Ce local est celui qu'occupent déjà les Jésuites réfugiés à Saintes depuis 1594, à proximité de la rue des Ballets, local qu'ils possèdent suivant contrats d'acquisition des 1er octobre 1594, 30 mars 1595, 9 novembre 1595. « Signé Journauld, notaire royal à Saintes et Nicolas Lecornu, évêque. »

Les pièces suivantes, dont la copie est aux archives, nous montrent l'activité que déploya la Société de Jésus pour la construction du Collège, construction qui dura jusqu'à 1630.

23 septembre 1611 (jour du choix du local). — Contrat de vente d'une grande maison faite par la dame Louise de

Luxembourg, veuve du seigneur Dumasses, en faveur des R. P. Chambon, provincial et F. Dusollier.

20 février 1612. — Testament de Ch. Pierre Fauchier en faveur du Collège ; don de la maison où sera là chapelle.

16 juillet 1612. — Lettres patentes du Roy Louis XIII autorisant le clergé de Saintonge à imposer sur les bénéfices du diocèse la somme de 6000 livres pour l'établissement du Collège.

16 juillet 1612. — Transaction entre les R. P. Chambon, provincial et François Dussollier, syndic du Collège, d'un côté, et les héritiers Guitard, de l'autre, par laquelle ceux-ci s'engagent à payer la somme de 6000 livres au lieu et place de la maison promise et de plus à fournir une rente annuelle de 1000 livres.

3 novembre 1612. — Mesures prises pour faire payer les habitants de la ville et faubourgs qui n'ont pas encore donné ce qu'ils avaient promis (2,000 écus) pour l'établissement du Collège, ameublement et bibliothèque ; liste des sommes reçues depuis le 10 mai 1611 jusqu'au 20 mars 1614 pour l'ameublement et la bibliothèque.

1er juillet 1620. — Achat d'une maison au sieur Cérès Paranne ; Godeau et Castet, notaires.

17 mars 1630. — Acquisition d'une maison, sise en la rue des Ballets, appartenant à Anne Breuil ; Mareschal, notaire.

20 juin 1630. — Achat d'une maison de la rue des Ballets appartenant à Jean Roy, avocat ; Mareschal, notaire.

11 septembre 1636. — Convention par laquelle les R. R. P. P. Ignace Malescot, provincial, Gilbert Rousseau, Recteur du Collège de Saintes et F. Demonseau, syndic, attendu l'union au dit Collège des cures de Saint-Laurent de la Prée, Bredon et Saint-Ouen, déchargent et tiennent quitte les héritiers Guitard de mille livres de revenu, promises pour la fondation du Collège.

1639. — Achat de la maison de Marie Vigne. Tourneur, notaire.

Les Jésuites sont donc installés à Saintes depuis 1612, ils le seront définitivement le 14 juillet 1617, après le contrat signé avec Messieurs du Chapitre et du Corps de Ville, ils continueront leur œuvre jusqu'en 1762.

Il aurait été intéressant de pouvoir déterminer d'une manière exacte tout ce qui a été accompli par les Jésuites pendant cette période de cent cinquante ans. Les documents sur leur enseignement, sur leurs méthodes, sur le personnel, sur les élèves qu'ils ont formés à Saintes, sur le gouvernement et l'administration de la Maison ne sont pas complets et n'ont pas été tous retrouvés.

Dans l'ordre de Jésus, tout avait été réglé avec soin et uniformité : les Exercices spirituels de Loyola (1534), les Constitutions et Déclarations de Lainez et Salmeron (1550), les Méthodes et Règlements pour les études (*Ratio atque Institutio studiorum*) d'Aquaviva, Gonzalès et Tuccius (1586-1599) forment un plan général pour l'admission, le rôle, l'avancement et la responsabilité de chacun des membres, pour l'instruction dans les Collèges.

On sait que, dès le commencement, l'enseignement secondaire avait été accordé gratuitement dans toutes les Maisons de la Société ; aussi les Jésuites eurent trop de Collèges et par suite ils n'avaient pas eu un personnel suffisant ; ils surent toutefois donner immédiatement à quelques-uns de leurs établissements une grande renommée. Au XVIe siècle, ils étaient en avance, mais les mérites de leur enseignement devaient diminuer à mesure que la science et la critique historique et philosophique se développaient.

Leurs règles et leurs méthodes d'éducation restèrent uniformes ; elles furent sans doute appliquées au Collège de Saintes comme elles l'étaient dans tous les autres établissements tenus par les Jésuites ; on les trouve décrites dans la 4e partie des Constitutions.

Dans le procès-verbal dressé au Collège de Saintes par suite de l'arrêt du 26 mai 1762 (pièce n° 5 des archives de la Charente-Inférieure, D 4), on trouve l'inventaire de tous les objets saisis dans chaque chambre ; en lisant la nomenclature des livres qui forment la bibliothèque de chacun des R. R. P. P., il est facile de fixer les fonctions de chacun d'eux et même d'indiquer la liste des livres classiques pour les différentes divisions de grammaire, d'humanités, de rhétorique, de philosophie.

Pendant longtemps le Collège de Saintes ne posséda aucune des deux classes de philosophie ; dans une séance du corps de ville en date du 16 juillet 1666, le Mayre signale la nécessité pour les enfants de la ville et du diocèse d'être obligés d'aller chercher ailleurs l'enseignement philosophique ; après une nouvelle demande, le premier cours fut créé en 1695 ; le second cours fut organisé le 28 avril 1752, grâce à la libéralité de l'abbé de Closmorin.

Les annales municipales portent qu'au Conseil tenu par le corps de ville le 2 août 1756, « M. le Maire Des Landes a exposé que « le Révérend P. Recteur du Collège, accompagné du P. Hersant, « professeur de philosophie, s'est rendu chez lui et lui a dit que « leur intention était de dédier une thèse à Messieurs de l'Hostel « de ville, thèse que le professeur se dispose de faire soutenir « par les escolliers. Il a été arrêté d'une voix unanime qu'on « accepterait la thèse et qu'elle serait soutenue le 12 courant.

« Le dict jour le professeur s'est rendu à la salle de l'Hostel « sur les deux heures après midi avec ses soutenans ; l'un d'eux « a fait un compliment au corps assemblé en habits de cérémonie, « il a présenté la thèse à M. le Maire, qui a conduit le Professeur « et les soutenans jusqu'à la porte de la salle et les a fait conduire « par deux des Messieurs du dit Hostel jusqu'à la porte de la « cour. Après quoi, sur les trois heures, Messieurs se sont « transportés à l'église des Jésuites où la thèse a été ouverte par « M. Héard, avocat, premier conseiller de la ville.

« La thèse étant finie, Messieurs s'en sont retournés à l'Hostel.

« La thèse armoiriée avec gravure « Adoration des Mages » « fut offerte à Messieurs du corps de ville.

« Le lendemain, Messieurs ont donné un repas au P. Recteur « des Jésuites, auquel assistaient M. le Lieutenant général et « autres principaux magistrats. »

Dans la seconde année de philosophie, on enseignait les sciences ; les Jésuites ne permettaient dans leurs Collèges que les ouvrages écrits par eux et approuvés par leur Général ; le cours du P. Bourdin (Bibli. R. n° 7546) comprenait :

L'arithmétique divisée en spéculative, pratique, curieuse, figurée, chronologique, militaire ;

La géométrie divisée en spéculative, pratique, effective, respective, militaire ;

La physique ne portant que des notions sur la nature des corps et quelques développements sur l'optique ;

La cosmographie donnant l'explication des systèmes célestes adoptés par la Congrégation.

Le cours ne contenait aucune notion sur les sciences naturelles ; en un mot, l'enseignement scientifique était négligé.

Le Collège de Saintes n'avait d'abord reçu que des externes ; dès l'année 1633 il possèda aux Gonds son lieu de promenades et d'exercices pour les élèves internes. Le domaine des Gonds, à 4 kilomètres du Collège, était admirablement situé près de la Charente ; deux ou trois fois par semaine, lorsque le temps était beau, les bons élèves venaient s'y préparer à tous les exercices qui endurcissent le corps : courses, traîneau, patin, natation, équitation, escrime, tir....... On sait qu'il n'y avait dans les Maisons que 180 jours de classes dans l'année scolaire.

L'émulation des élèves était encore excitée par des décorations, des places d'honneur, des discussions académiques ; le jeudi matin de chaque semaine, sous la direction des RR. PP. Recteur et professeurs de hautes classes, les élèves relisaient les bons devoirs de la semaine et s'exerçaient à bien se tenir en bien parlant. Le dernier jour de l'année scolaire était rempli par une représentation théâtrale et par des discussions de thèses soutenues en public par les élèves que le professeur désignait ; la tragédie française de Sainte-Eustelle, patronne de Saintes, œuvre du P. Charrier, avait eu là sans doute sa première représentation.

Si les documents nous manquent d'un côté pour dresser la liste des élèves distingués qui sont sortis de la maison de Saintes, d'un autre côté, nous pouvons consulter aux archives départementales (D. 4) des pièces importantes qui nous donnent les noms de nombreux Pères qui ont vécu au Collège de Saintes et surtout les noms de ceux qui l'ont administré. Cette administration fut toujours vigilante et attentive ; les ressources en l'an 1600 étaient faibles, elles s'élevèrent successivement et le tableau ci-joint nous indique le total des rentes, revenus, donations et acquisitions faites jusqu'à 1762.

	RENTES, CAPITAUX, PROPRIÉTÉS	Donations et Acquisitions	Date des Décrets d'union, des Donations et Acquisitions	RAPPORT et REVENUS en LIVRES
	Rente sur le clergé	Le chapitre de Saintes	4 Nov. 1608 et	1,400
			10 Mai 1611	
	Rente de.	Héritiers Guitard	16 Juil. 1612	1.000
	Rente de.	La veuve Lobé	20 Déc. 1751	200
1	Capital de	Duport de La Salle	5 Juil. 1749	2.800
	Rente de l'Hôtel-de-Ville de Paris . . .	L'abbé de Closmorin	28 Avril 1752	490
	Rentes de	E. Richot, Catherine	20 Déc. 1751	80
		Pivois ; Briou.	16 Janv. 1753	60
	Macqueville.	Donation et achat.	1 Juin 1614 et	2.800
2	Balan	»	28 Juin 1616	1.700
	Brie (sous Matha).	»	»	1.600
	Prieuré de St-Genis	Les Religieux de St-Benoît	13 Nov. 1615	
3	Abbaye de la Tenaille . . .	Bulle du Pape Paul V	2 Nov. 1616	7 500
	Fief des Rabellets.	»	24 Août 1619	
	Marais gâts de la Petite Tenaille . . .	»	10 Oct 1623	
4	Ste-Marie et Métairie du Haut-Pérat	?	18 Oct. 1616 et 1679	370
	Cure de Bredon	Thibaud et héritiers	24 Juin 1654	
5	Cure de St-Ouen (Matha) . .	Guitard	22 Juin 1659	3.300
	Saunac	»	20 Avril 1661	
6	St-Laurent-de-la-Prée (près Rochefort)	Succession J. Guitard	11 Sept. 1630	2.500
			6 Juin 1631	
7	Métairie des Gonds	Acquisition	21 Juin 1633	1 600
8	Pré de la prairie basse. . .	Acquisition	22 Mai 1680	530
	Jardin du Faubourg	Chanoine Pays de Saintes		
9	Ste-Mesme	Duvergier théologal et	9 Sep. 1695	3.750
	Rançon près St-Hilaire, St-Jean-d'Angély	Delaunay, curé	et 1701	
	Deuil, canton de Loulay . .	Donations	10 Oct. 1714	13.600
10	Gondeville	et acquisitions	20 Juil. 1724	
	Sansay-	»	»	
	Jeu de Paume	Acquisition	28 Sept. 1748	?
11	Une maison située à Saintes.	»	»	
	Les boutiques du Collège. .	»	»	
	Rente de la préceptoriale . .	»	»	400

Observations. — Le capital de ces rentes et revenus représentait une somme considérable (près de deux millions). A cette époque les Jésuites n'avaient pas à payer des redevances aux curés et desservants ; ils administraient eux-mêmes le spirituel et le temporel.

L'inventaire du 16 juin 1762 nous indique qu'ils avaient aux Gonds un bordier, à Deuil un Régisseur depuis 33 ans ; ils récoltaient le blé, les grains, les foins ; ils cultivaient la vigne et convertissaient leurs vins en eau-de-vie. Aux Gonds, on comptait 30 têtes de gros bétail, 75 têtes de petit bétail... des pressoirs, des barriques ; à Deuil se trouvaient 2 chaudières à distiller les vins, 22 tierçons, 45 barriques, de grands tonneaux.

Nous n'avons pas à discuter ici les raisons qui amenèrent le Tribunal consulaire de Marseille et les Parlements à agir contre la Compagnie de Jésus. Les livres des Jésuites furent brûlés en pleine place publique, leurs maisons furent fermées, leur ordre fut aboli.

Depuis 1760, les RR. PP. du Collège de Saintes avaient été avertis des décisions du Parlement de Bordeaux ; la saisie de tous leurs biens, meubles et effets fut opérée le 2 juin 1762, en conséquence de l'arrêt du 26 mai précédent.

Les propriétés furent mises sous séquestre ; les effets furent vendus. Voir pièces n° 3 et suivantes, nos 39, 40.... Archives D. 4. Le procès-verbal d'expulsion des RR. PP. de Saintes est daté du 1er août 1762.

Un décret royal déclara que ces biens deviendraient propriété de l'Etat.

La plupart des Jésuites restèrent en France ; le Parlement voulut leur imposer en février 1764 un serment de fidélité ; plusieurs refusèrent et durent quitter le pays ; mais dès le mois de novembre de la même année, le Roi fit arrêter toutes les instructions commencées et les Jésuites purent rester ou rentrer en France comme prêtres séculiers.

Des pensions furent accordées à un grand nombre ; les archives (nos 49, 58, D. 4), portent que le 4 mars 1763 les sieurs Bonaventure Giraudeau, J.-B. Parade, Balthazar Farines, Pierre Rondanès, J.-B. Moubeth, François Nivard, Louis Perrin, Pierre Leveau, Jacques de Rambure, Dominique Salesse,..... ci-devant Jésuites de Marennes et Saintes, demandent copie de leurs vœux et certificats pour pouvoir toucher la pension conformément à l'arrêt du 6 août 1762.

LE PERSONNEL

Les documents qui sont aux archives (D. 4) ont permis de retrouver les noms de quelques-uns des R. P. Jésuites qui avaient été attachés au Collège de Saintes soit comme administrateurs, soit comme professeurs. Le Registre de ceux qui sont morts et qui ont été enterrés à la chapelle porte 48 noms : le procès-verbal du 2 juin 1762 donne le personnel complet au moment de l'expulsion.

Sont venus et ont vécu au Collège, de l'an 1610 à 1650, les R. P. Chambon, provincial; Jean Déchamp, Recteur; François, Dusolier, Syndic; Pierre Coton, Supérieur; G. Balardus; Ant. Sasfrenus; F. Brunetus, mort en 1617; Bernard Sicard, Recteur; François Demomegean; Barthélemy Delaville; Maufillâtre, de 1623 à 1661; P. Demonceaux, de 1630 à 1644; Gilbert Rousseau, Recteur; A. Gaillard; Ch. Verneuil, de 1637 à 1672...

De l'an 1650 à 1680: Les R. P. Paul Fontaine, Recteur; Basture, Syndic; Barilleau; Josué Pichon; Rougier; Etienne Raymond; Thomas Chambon, Syndic; Mariocheau; Guillaume Jaudraux; Antoine Chambon, décédé en 1664; Eusèbe Pineau...

De l'an 1680 à 1710. Les R. P. Jean Châtenet, Recteur; Jean Champigny, décédé en 1721; Barreau; Louis Deminière, Syndic; Leo Saint-Gille; Chautard; Aumaistre, de 1707 à 1732; Ruchaud; J. Babaud; Jean Dupuy; Jacques Mesplex, Recteur; Tartas, Recteur...

De l'an 1710 à 1750: Les R. P. Jean Burgère, de 1710 à 1734; Cézar de La Lande; Darèche, de 1738 à 1763; Morton; Dominique Salesse; Daussel; Dosset, Recteur; De Ballus; Coutant; Laborde; Pichon, procureur; Joseph Regnard, de 1744 à 1762; Dutemps, de 1748 à 1762....

De l'an 1750 à 1762: Les R. P. Tauzin, Recteur; Maubert; Hersant; Massouty; Fayard; Massoneau; Mirot, Recteur; L. Tardy; Cibot; F. Lugan; Coutinet; Moubet, Recteur.

Rien ne prouve que les sept RR. PP. dont les noms suivent aient fait partie du Collège de Saintes.

Le P. Voisin qui, en 1702, prononça à Saintes l'oraison funèbre de Mgr de la Brunetière du Plessis de Gèsté, devait être de la maison de Marennes où l'on se préparait surtout à la prédication.

Le P. Danéhil qui prononça à Saintes, en 1746, l'éloge de Mgr de Beaumont.

Le P. Nicolas Dussault, mort en 1615, fils d'un conseiller au Présidial de Saintes, auteur des *Œuvres spirituelles*.

Le P. Tissier, envoyé en 1619, à Saint-Jean, par Mgr Raoul, pour la conversion des calvinistes.

Le P. Surin, casuiste, qui écrit le 25 décembre 1632, à Madame

Françoise II de Foix, abbesse de Notre-Dame de Saintes (*sur la Conduite spirituelle*).

Le P. Gaudin qui avait publié une grammaire imprimée à Saintes.

Le P. Charrier auteur de la tragédie de Saint-Eustelle dont une 2e édition a été publiée en 1787 et imprimée à Saintes.

Au moment de la signification de l'arrêt de la cour de Bordeaux, le 12 octobre 1760, et d'après le procès-verbal fait au Collège de Saintes le 2 juin 1762, le personnel se composait de :

1. R. P. *Jean François Pichon*, né à Saintes en 1713, entré dans la Société de Jésus le 15 septembre 1729, profès des 4 vœux, actuellement *Recteur* du Collège.

2. R. P. *Jean Baptiste Mousset*, né à Aurillac en 1720, entré dans la Société de Jésus le 8 février 1739, profès des 4 vœux, actuellement *Syndic et Procureur*.

3. R. P. *Bertrand Joseph Regnard*, âgé de 62 ans, né à Bordeaux, entré en septembre 1718, quatre vœux, actuellement ministre ou *second supérieur*, *Directeur de la Congrégation de Messieurs*.

4. R. P. *Michel Darèche*, âgé de 85 ans, né à Bayonne, entré le 10 octobre 1694, *sans fonctions* au Collège de Saintes, *ancien Recteur du Collège*.

5. R. P. *Jean Dutemps*, âgé de 73 ans, né à Fontenay le Comte, entré le 9 septembre 1703, profès de quatre vœux, *confesseur ou Père spirituel*.

6. R. P. *Valois*, âgé de 68 ans, né à Bordeaux, entré le 7 octobre 1710, *Casuiste* au dit Collège de Saintes.

7. R. P. *Esprit Marc Lecesve*, 49 ans, né à Poitiers, entré le 11 août 1729, profès de quatre vœux, *Prédicateur*.

8. R. P. *Nicolas Puigombert*, 42 ans, né à Jauveillac en Périgord, entré le 10 septembre 1738, quatre vœux, *Préfet du Collège*.

9. F. *Léonard Rolle Durepaire*, 32 ans, né à Chaniers en Périgord, près de Nontron, entré le 11 octobre 1747, écolier formé ayant 3 vœux, *professeur de Logique*.

10. F. *Gabriel Brunet*, 31 ans, né à Périgueux, entré le 10 mars 1749, écolier formé, actuellement sans fonctions.

11. F. *Jean Chabrier*, 32 ans, né à Agen, entré le 14 septembre

1749, écolier formé *professeur de physique* et Directeur de la Compagnie des Ecoliers.

12. R. P. *Stanislas Faure*, 35 ans, né à Saintes, entré le 5 janvier 1744, quatre vœux, sorti depuis quatre mois du Collège de Poitiers où il professait la Rhétorique : son frère Faure était Receveur des Tailles à Saintes.

13. F. *Claude Antoine Laborie*, 26 ans, né à Perpignan, entré le 29 août 1755, écolier approuvé, trois vœux, *Régent de Rhétorique.*

14. F. *J. François Champier*, 25 ans, né à Agen, entré le 7 octobre 1754, trois vœux, *Régent de seconde.*

15. F. *Pierre Lartigue*, 24 ans, né à St-Pierre d'Agen, entré le 1er février 1757, écolier approuvé, trois vœux, *Régent de troisième.*

16. F. *François Martin*, 29 ans, né à Limoges, entré le 20 octobre 1756, écolier approuvé, trois vœux, *Régent de quatrième.*

17. F. *Alexis Benigne Bouhier*, 25 ans, né aux Sables-d'Olonne, entré le 5 janvier 1756, écolier approuvé, trois vœux, *Régent de cinquième.*

18. F. *Etienne Dangibeaud*, 25 ans, né à St-Seure en Saintonge, entré le 30 septembre 1752, trois vœux, ancien professeur à La Rochelle, actuellement de passage au Collège de Saintes.

19. De trois frères laïcs ou coadjuteurs :

Philippe Coudure, 39 ans, de Dussos en Béarn, trois vœux, dépensier.

Jacques Raymond Bernard, 30 ans, de Basins en Agenois, 3 vœux, Sacristain, Infirmier et Portier.

Vital Poudia, 23 ans, de St Maquaire, cuisinier et crédancier.

20. De quatre domestiques :

Guillaume Delaage, 39 ans, de Plassac, tailleur depuis 12 ans dans la maison.

Joseph Tourneur, 24 ans, de Préguillac, valet d'écurie depuis 4 ans.

Jean Brouin, 17 ans, de Montils, valet de peine depuis 1 an.

Pierre Caillé, 12 ans, des Gonds, servant les messes, dans la maison depuis 1 an.

NOTES DE LA DEUXIÈME PARTIE

Ces notes sont tirées des archives de la Charente-Inférieure.
D. 1. Travée 27. Collège de Saintes. Compagnie de Jésus
1611 — 1750......

Registre du Supérieur du Collège de Saintes de la Compagnie de Jésus. Ce registre s'appelle : « Livre de ceux qui sont recommandés ». Offices pour les morts. Noms de ceux qui sont décédés au Collège.

On y trouve les noms des principaux Jésuites décédés depuis 1627 jusqu'en 1761 dans les différents pays, les noms des principaux fondateurs et bienfaiteurs, pour lesquels des messes et prières étaient dites au Collège de Saintes.

Nomina Patrum Fratrumque vitâ functorum in Collegio Xantonensi ab anno 1611.

« Leurs corps étaient placés dans la Chapelle et le lieu est indiqué pour chacun d'eux ».

1. 22 Septembre 1612	R. P. Jacobus Bord, primus superior huius collegii.
2. 30 Julii 1615	Mag. Nicolaüs Bordenaud, rector primus huius collegii.
3. 1 Martis 1617	P. Guillielmus Brunetus.
4. 2 Martis 1617	P. Petrus Du Jarric.
5. 4 Junii 1622	F. Pierre Monho.
6. 6 Febr. 1622	P. Leonardus Bardetum.
7. 28 Martis 1626	Mgg Maxim. Firmix? præceptor quintanus.
8. 23 Julii 1626	Mr Ignatius Liffe, item præceptor quintanus.
9. 5 Maii 1631	Magister Petrus Friac.
10. 4 Februarii 1632	Pater Joannes Poupeau.
11. 29 Octobris 1633	P. Rigon Vales.
12 28 Martis 1639	P. Petrus Farnoux. *
13. 3 Aprilis 1641	Maturinus Fromi.
14. 15 Decembris 1644	P. Franciscus Demonceaux.
15. 1 Julii 1646	Jacobus Ruffin.
16. 27 Januarii 1652	Guillermus Coustant.
17. 2 Februrii 1652	P. Andreas Collar.
17 bis. Maii 1652.	P. Natanel Sithar.
18. 6 Augusti 1653.	P. Antonius Foryt.
19. 11 Martis 1660	P. Andreas Bajole.
20. 9 Novembris 1661	P. Thomas Montfilâtre.
21. 15 Jan. 1662	P. Joannes Veyrid.
22. 9 Januari 1663	P. Jacobus Legrand.
23. 30 Décemb. 1664	P. Antonius Chambon.
24. 2 Maï 1665	P. Jacobus Lebouvier.
25. 9 Décemb. 1668	P. Henricus Duchesne.
26. 16 Novemb. 1666	P. Antonius Valladou.
27. 9 Octob. 1669	P. Petrus Harotté.
28. 20 Fé. 1670	P. Balthazar Cardonne.

* La note indique l'heure et donne des détails « sepultusque cum sarcophago. » in medio, itâ ut caput habeat ad meridiem..... ad latus opposita sunt ossa M. Petri Friac. cujus sepulchrum aquâ inundatum......

29. 1 Aprilis 1678	F. Joannes Petit
30. 23 Jan. 1679	F. Joannes Hugé.
31. 23 Octob. 1679	P. Petrus Desroches.
32. 31 Octob. 1685	M. Jacobus Reveillaud.
33. 22 Maï 1692	F. Petrus Lajus.
34. 11 Novemb. 1697	P. Franciscus Cavaillé.
35. 16 Octob. 1700	P. Francis. Ignatius Aymard.
36. 31 Octob. 1703	P. Ludo. Bernard.
37. 17 Mai 1711	M. Fran. Ronçay.
38. 13 Mai 1716	P. Jacob Mauzé.
39. 5 Octobre 1721	P. Jean Champigny.
40. 1 Août 1731	Pierre Planche.
41. 27 Mai 1732	F. François Aumaistre.
42. 26 Février 1746	P. Pierre Bellerive, enterré dans l'église.
43. 27 Mars 1746	P. Jean Jossand, id.
44. 20 Avril 1746	P. François Xavier Huon, id.
45. 25 Octobre 1754	P. Jean Bertrandie, id.
46. 6 Mar. 1756	F. Josephus Simonet.
46. bis. 5 Jan. 1756	F. Fussianus Ferreneuve.
47. 9 April. 1756	M. Guillelmus Labarrière.

Dans cette nomenclature qui contient 49 noms, j'ai reconnu quinze écritures différentes : 1612 à 1631 ; 1631 à 1633 ; 1633 à 1639 ; 1639 à 1641 ; 1641 à 1653 ; 1653 à 1660 ; 1661 à 1662 ; 1662 à 1665 ; 1665 à 1668 ; 1668 à 1678 ; 1678 à 1700 ; 1700 à 1721 ; 1721 à 1746 ; 1746 à 1754 ; 1754 à 1756.

Y a-t-il eu quinze Supérieurs différents tenant ce registre ? On peut reconnaître les mêmes différences d'écriture et aux mêmes époques depuis la page 1 jusqu'à la page 91 du Registre qui s'appelle « Livre de ceux qui sont recommandés ».

On sait que les Provinciaux comme les Supérieurs des maisons de Jésuites et les Recteurs des Collèges étaient nommés seulement pour trois ans, mais le Général de l'ordre pouvait abréger ou prolonger cette durée et les envoyer dans d'autres provinces, maisons ou Collèges.

Les pièces des archives H. 65, montrent que :

Le 6 Octobre 1683, le R. P. Jean Châtenet était Recteur et Jean Champigny, Syndic ;

Le 2 Juillet 1720, le R. P. Cézar de Lalande était Recteur et Jean Burgère, Syndic ;

Le 20 Juin 1731 et le 12 Juin 1733, le R. P. Jean Burgère signait encore comme Syndic.

NOTES TIRÉES DES ARCHIVES DE LA CHARENTE-INFÉRIEURE

D. 4. Travée 27, Titre : COLLÈGE DE SAINTES : Compagnie de Jésus

84 Pièces

J'ai voulu transcrire ces documents avec leur numéro d'ordre des archives.

N° 1. — *20 décembre 1751.* — Contrat par lequel la veuve Lobé.... cède et transporte au Collège de Saintes dont représentant J. B. Salvat, prêtre Jésuite, Procureur général de la Province de Guienne, deux cents livres de rentes annuelle et perpétuelle au principal de

8000 livres, sur le pied du denier 40, constituées sur les aides et gabelles....

20 décembre 1751. — Contrat par lequel Etienne Richot et Catherine Pivois son épouse cèdent cent cinquante livres de rente : acceptant J. B. Salvat.

16 janvier 1753. — Contrat par lequel J. B. Salvat accepte une rente de 80 livres 6 sols 6 deniers au principal de 3213 livres.

17 janvier 1753. — La Ve C. Briou donne une rente de 60 livres 8 sols 4 deniers.

No 2. — *12 octobre 1760.* — Signification de l'arrêt rendu en la Souveraine Cour de Bordeaux le 22 septembre 1760 faite le 12 octobre 1760, à la requête de M. le procureur général du Roy, au R. P. Pichon, recteur du Collège des Jésuites de la ville de Saintes.

No 3. — *17 avril 1763.* — Cinq caisses et sept ballots remplis de livres, venant de la maison des ci-devant Jésuites de Marennes ont été transportés au Collège de Saintes le 17 avril 1763. Dom R. P. François Baron, Bénédictin, préfet du Collège, accuse réception.

No 4. — *2 juin 1762.* — Saisie faite sur les effets du Collège de Saintes. Inventaire, six vacations : 2 juin, caves. — 3 juin, bûchers ; celliers à provisions ; écurie ; salle des archives ; chambres. — 4 juin, chambres ; caveau ; infirmeries. — 5 juin, chambres. — 7 juin, salles ; salons ; couturerie et lingerie ; réfectoire ; vestibule, placards. — 8 juin, cuisine ; dépense ; caveaux ; classes.

Ont signé le procès-verbal de saisie et d'inventaire : Pichon, Recteur ; Coudure, dépensier ; Leblanc, huissier ; Carville et Renaud, praticiens experts, témoins requis.

Contrôlé le 9 juin 1762. Pro Rege. Signé : de St-André.

No 5. — Procès verbal fait au Collège des Jésuites de Saintes en conséquence de l'arrêt du 26 mai 1762.

Les opérations d'enquête ont duré du 2 juin 1762 au 13 juillet 1763. Ce procès verbal est très important ; il contient trois mains de papier et 136 feuilles. Ont signé : Pichon, Recteur du Collège : P. Mousset, syndic et Leberton Emmanuel Caietan, Conseiller du Roy ; Robert de Rochecouste Jean Léonard Théodore ; de Beaune, Jean Baptiste Louis, tous les trois commissaires du Sénéchal, députés pour l'exécution des arrêts.

La livraison des archives a été faite aux Bénédictins le 30 mars 1763. Ont signé F. Deforis, Supérieur ; F. Rivet, procureur syndic.

Ce procès verbal contient la *nomenclature* des titres, papiers, mémoires, renseignements, livres, journaux, registre de recettes et de dépenses, état des dettes actives et passives, titres de propriété, de jouissance, dotations, fondations, acquisitions, legs, bénéfices, parmi lesquels :

A. — Etablissement du Collège. Contrats d'acquisitions ; legs ; rentes ; premières dépenses et lettres patentes du roi Henri IV pour l'établissement des Jésuites à Saintes du mois d'octobre 1607, enregistrées au Présidial le 28 octobre 1609.

B. — Le décret d'union de la cure de Sonnac faite au Collège le 22 juin 1650.

C. — Le décret d'union de St-Laurent de la Prée faite le 11 septembre 1630.

D. — Le décret d'union de la cure de Macqueville et de ses annexes le 28 juin 1616 et lettres patentes des rois Louis XIII et Louis XIV.

E. — La bulle du pape Paul V pour l'union de l'abbaye de la Tenaille faite le 2 novembre 1616.

La bulle pour l'union au Collège du prieuré de St-Genis le 24 août 1619.

F. — Le décret d'union de la cure de St-Mesme le 9 septembre 1695.

G. — Le décret d'union du prieuré de Deuil faite le 10 octobre 1714.

H. — Des pièces diverses.

A. — 1. — *24 mars 1571.* — Contrat d'acquisition de la maison du Collège par M. Arnaud Leblanc, conseiller au Présidial de Saintes de Pierre Guibert avocat pour 1700 livres.

2. — *1 octobre 1594, 30 mars 1595 et 9 novembre 1595.* — Contrats d'acquisition des maisons qui ont servi à former la grande maison du Collège avec quittances des lots données par Bernard Dumasses, Sr Baron de Bouteville. Signé Journauld, notaire royal à Saintes et Nicolas Lecornu, Évêque.

3. — *23 septembre 1611.* — Contrat de vente d'une grande maison faite par la Dame Louise de Luxembourg, Ve du Sr Dumasses, en faveur de Chambon, Provincial et de F. Soulier pour la somme de 12000 livres. Tourneur notaire. Quittances de 2880 l. payées le 28 mars 1612; de 3120 l. payées le 27 avril 1612 ; obligations consenties pour le reste.

4. — *19 février 1622, 14 février 1623.* — Attestations de Louis Deperne, gouverneur de la ville et citadelle de Saintes, portant que le Collège de la dite ville (anciens bâtiments du vieux Collège) a été pris pour la fortification de la citadelle.

5. — *1 juillet 1629.* — Achat d'une maison au Sieur Cérès Paranne Breuillet pour 1450 l. Castel et Godeau, notaires.

6. — *17 mars 1630.* — Contrat d'achat d'une maison sise en la rue des Ballets appartenant à Anne Breuil pour le Collège de Saintes. Prix 1740 l. Mareschal, notaire.

7. — *20 juin 1630.* — Achat pour 2880 l. d'une maison de la rue des Ballets, appartenant à Jean Roy avocat. Mareschal notaire.

8. — *1639.* — Achat de la maison de Marie Vigne pour 2000 l. Tourneur, notaire.

9. — *5 mars 1561 et 28 janvier 1610.* — Alignement des rues des Chanoines, des Ballets et de St-Maur.

10. — *2 mars 1640.* — Emploi des pierres prises dans la douve de la ville de Saintes pour le bâtiment du Collège.

11. — *20 février 1612.* — Testament de Ch. Pierre Fauchier en faveur du Collège ; don de la maison où est la chapelle du Collège et des marais salants de St-Symphorien dans la Seigneurie de St-Jean-d'Angle. Prise de possession le 25 juin 1614.

12. — *5 août 1748.* — Quittance de l'acquisition du Jeu de Paume faite le 28 septembre dernier.

13. — *5 juillet 1749.* — Quittances de sommes données par François du Port de la Salle, 2.800 l.

14. — *28 avril 1752.* — Déclaration du P. Salvat, procureur général

des Jésuites de la Province de Guienne, que les deniers donnés par le sieur abbé de Closmorin pour la fondation du cours de philosophie ont été employés à l'acquisition de quatre *contats* sur l'Hôtel-de-ville de Paris. Marsay, notaire.

15. — *20 décembre 1751.* — Contrats de rentes constituées en faveur des R. P. de Saintes. Voir pièce **N° 1**. Archives D. 4.

16. — *18 octobre 1616.* — Registre de la métairie du Haut Pérat; contrats et marchés; consécration de l'autel par Mgr Nicolas Lecornu de la Courbe.

17. — *octobre 1607.* — Lettres patentes du Roy.

18. — *4 novembre 1608* — Extrait des registres du Synode; délibération du clergé promettant annuellement mille livres au Collège.

19. — *10 mai 1611.* — Promesse par le Chapitre de payer 1,400 l. pour la nourriture des Jésuites.

20. — *11 mai 1611.* — Sommation faite par noble homme Jacques Aymard, Maire, auprès de Jean Dechamp et François Dusollier, R. P. P. de la Compagnie de Jésus, d'avoir à commencer l'exercice des classes.

Sommation (11 mai 1611) faite par le Maire au clergé de Saintonge parlant à vénérable et directe personne Mathieu de la Chevrie, chanoine et syndic du clergé, d'effectuer la promesse pour l'entretien des Régents, promesse qui date du 10 octobre 1608 de fournir les 1,400 l. aux Pères Jésuites; le président de cette ville faisant au préalable bâtir et édifier le dict Collège pour les dits pères.

Sommation du même jour au sieur Jacques Guitard, président au siège Présidial de Saintes, de vouloir effectuer la promesse par lui faite au mois d'octobre 1608 et donnée par écrit de bâtir en la dite ville, suivant la permission octroyée par sa Majesté par lettres patentes, le Collège pour l'instruction de la jeunesse et en outre de fournir et faire donner au dit Collège un revenu annuel de 1 000 livres.

21. — *16 juillet 1612.* — Transaction entre les P. P. Claude Chambon, provincial et François Soulier (Dusollier) syndic du Collège d'un côté et les héritiers du Président J. Guitard de l'autre côté, par laquelle Charles Guitard, doyen de l'Eglise cathédrale de Saintes, s'oblige de payer au dit Collège la somme de 6,000 l. au lieu et place de la maison et jardin promis par les dits sieurs Guitard pour bâtir le Collège et de plus de fournir 1,000 l. de revenu annuel.

Lettres patentes du roi Louis XIII autorisant le clergé de Saintonge d'imposer sur les bénéfices du diocèse la somme de 6,000 l. pour l'établissement du Collège.

22. — *3 novembre 1612.* — Mesures prises pour faire payer les habitants de la ville et fauxbourgs qui n'ont pas payé ce qu'ils avaient promis pour la fondation du Collège.

Liste des sommes reçues par les Jésuites depuis le 10 mai 1611 jusqu'au 20 mars 1614 pour l'ameublement et la bibliothèque du Collège.

23. — *26 mai 1762.* — Inventaire des objets, effets et vases de la sacristie.

La caisse contenait le jour de la saisie 1,380 livres 1 sol 6 deniers.

B. — 1. — *24 juin 1654.* — Union au Collège de la cure de Sonnac. Union de la cure de Bresdon et de St-Ouen, son annexe. Gasquet, notaire. Approbation des dites unions par l'évêque Bassompierre.

2. — *29 décembre 1723.* — Pièce concernant cette union : testaments de Marguerite Comboude (30 février 1480) et du seigneur de Comefou (année 1319) en faveur de la cure de Sonac.

3. — *20 avril 1661.* — Abandon en faveur du Collège des biens acquis du sieur Thibaud.

C. — 1. — *11 septembre 1630.* — Déclaration par laquelle les P. Ignace Malescot, provincial ; Gilbert Rousseau, Recteur du Collège de Saintes et F. Demonseau, syndic, attendu l'union au dit Collège des cures de St-Laurent-de-la-Prée, Bredon, St-Ouen, déchargent du revenu de mille livres et tiennent quitte les héritiers Guitard de pareille somme promise pour la fondation du Collège.

2. — Prise de possession de la cure de St-Laurent-de-la-Prée. Savarit, notaire, 6 juin 1631. Procès entre plusieurs et aussi avec les capucins de Toulouse.

D. — 1. — *1er juin 1614.* — Union des cures de Macqueville, Balan et Brie. Discussions avec les curés, — acte de procédure, — droits seigneuriaux, — augmentation par achat et donations. — Prise de possession le 28 juin 1616.

E. — 1. — *13 novembre 1615.* — Le duc d'Epernon, sous le bon plaisir de sa majesté le Roy, consent comme patron de l'abbaye de la Tenaille, à la réunion d'icelle au Collège de Saintes ; attendu le désordre de la guerre, la prise de possession de l'abbaye est faite dans l'église St-Pierre de Saintes.

2. — Collection de tous les papiers de l'abbaye depuis l'an mil. Donations, testaments, emprunts, Cession du duc d'Epernon des rentes usurpées par le seigneur de Plassac sur l'abbaye de La Tenaille. L'union au Collège avait été faite en portant cession en faveur du duc d'Epernon, de 13,943 livres 3 sols 4 deniers qui furent rendus le 21 janvier 1633 et servirent à l'acquisition de la métairie des Gonds.

3. — Homologation du contrat par la Sacrée Congrégation des Cardinaux.

4. — *8 novembre 1617.* — Bulle du Pape Paul V pour l'union de la Tenaille et du prieuré de Saint-Genis au Collège de Saintes. Une bulle du Pape Clément VII (avril 1533) donnait l'abbaye de La Tenaille à Jean Catryx, abbé des religieux de Saint-Benoit de La Tenaille, qui eut pour successeur, le 21 avril 1539, son neveu Jacques Catryx.

5. — Exemption accordée par Louis XIV pour l'abbaye de La Tenaille et la métairie des Gonds de tous logements pour gens de guerre. Les privilèges de l'abbaye étaient de fondation royale ; les R. P. Jésuites avaient conservé tous les actes pour attester et prouver leur propriété et les origines de cette propriété, aussi ils réclamèrent successivement les redevances, pensions et terres. Ce fief de La Tenaille était considérable : il s'étendait sur plusieurs maisons situées en la ville de Pons ; sur les propriétaires de Saint-Sigismond ; sur les cures de Saint-Sigismond, Plassac, Clion, Nieuil,

Chadenac, Guitinerie ou Guittinières ; sur les fiefs de Saint-Fort, des Brettes, des Rabellets ; sur le prieuré de Saint-Sienne et de Saint-Genis ; sur la chapelle de Rocroze ; sur les moulins de Chazillac, de Crachapt ; sur les marais gâts et les marais salants du Gua.

6. — Procédure avec la dame abbesse de Saintes pour les marais salants de La Tenaille et les Rabellets.

F. — 1. — *9 septembre 1695.* — Décret d'union de la cure de Saint-Mesme.

Les dons relatifs à Saint-Mesme furent faits au Collège par Duvergier, théologal de Saintes et par M. Delaunay, curé, et sa famille (1701).

G. — *10 octobre 1714.* — Décret d'union du prieuré de Deuil.

20 juillet 1724. — Acquisition faite par les Jésuites pour 1400 liv.

H. — 1. — *22 mai 1680.* — Acquisition moyennant mille livres d'un pré de la prairie basse venant de la succession et vente judiciaire des biens du chanoine Pays de Saintes.

2. — *18 octobre 1616 et 1679.* — Métairie du Haut-Pérat, Borderie de Sainte-Marie, commune de Fontcouverte.

Ce même dossier n° 5 contient un registre pour les vœux prononcés au Collège de Saintes et un paquet de lettres.

Le registre devait être tenu suivant ordonnance du roy Louis XIV (6 juillet 1715) : il contient 94 feuillets dont 10 seulement sont écrits. Le premier feuillet commence ainsi : « Nous Jean Tartas, « Recteur de la Compagnie de Jésus de la ville de Saintes, déclarons « avoir paraphé le présent livre le 20 décembre « 1715. » — Le dernier feuillet écrit porte avec la date du 15 août 1758 le procès-verbal des vœux émis par le frère Lugan, du diocèse d'Agen.

Parmi les lettres, celles relatives au Collège, sont :

Lettre datée de Rome (13 mai 1706) adressée à F. Ruchaud. Signée Mich. Ang. Tambarinus.

Lettre datée de Bordeaux (20 janvier 1730) adressée au P. Darèche, Recteur du Collège de Saintes.

Lettre datée de Bordeaux (1738) adressée au P. Darèche, Recteur du Collège de Saintes.

Lettre datée de Poitiers (1748) adressée au P. Dosset, Recteur.

Lettre datée de Bordeaux (17 janvier 1750) adressée au R. P. Jos. F. Tauzin, Recteur.

Lettre datée de Bordeaux (23 janvier 1751) adressée au F. Mirat, Recteur

Lettre datée de Limoges (1er juillet 1755) adressée au F Massouly, Recteur.

Lettre datée de Poitiers (24 juillet 1758) adressée au F Moubet, Recteur.

N° 6. — *7 juin 1762.* — Saisie de La Tenaille, abbaye et manoir situés à la paroisse de Saint-Simon de Clermon et à la paroisse de Nieuil-le-Viroul et autres voisines. Saisie et sequestre des terres, fruits et revenus.

N° 7. — *14 juin 1762.* — Saisie de la propriété des Gonds.

Les N°s 8, 9, 10, 11 et tous ceux qui ne sont pas inscrits sont relatifs aux Jésuites de Marennes ou à des questions étrangères au Collège de Saintes.

N° 12. — *16 juin 1762.* — Saisie des biens, meubles, effets . . . de la propriété des Gonds. Salles de réception, de billard. . . . .; chambres; greniers. . . . .; étables: 2 veaux, 4 vaches (le sieur Bridier Denis était bordier); granges. Métairie possédant 6 bœufs, 6 vaches, 8 veaux, 2 taureaux; parc à brebis, 20 moutons, 24 brebis, 18 agneaux; porcherie; granges pour les instruments; granges pour le bois; chais contenant pressoirs, barriques, vins.

N° 13. — *16 juin 1762.* — Saisie des titres, papiers, bénéfices... meubles, effets du prieuré de Deuil et de ses dépendances situé à cinq lieues de Saint-Jean-d'Angély. Un régisseur administrait la propriété depuis trente-trois ans au profit des R. P. de Saintes. Il a fallu quinze jours pour faire l'inventaire des cuisines, chambres, greniers, chais, granges, brûleries. On a trouvé deux chaudières pour convertir le vin en eau-de-vie, 22 tierçons, 45 barriques, de grandes pièces pour les vins et eaux-de-vie, de grands tonneaux.

N° 14. — *18 et 19 juin 1762.* — Dossier relatif à la saisie de La Tenaille et de ses dépendances. Inventaire.

N° 16. — Procès-verbal de la saisie des titres et papiers de La Tenaille. Jean Mouche, natif de Saintes, était régisseur depuis 30 ans.

N° 17. — Ordonnance pour le séquestre de l'abbaye de La Tenaille et du prieuré de Saint-Genis.

N° 18 et N° 19. — Procès-verbal désignant comme dépositaire, gardien du séquestre et économe pour la propriété des Gonds, appartenant aux ci-devant Jésuites du Collège de Saintes, le sieur René Roudier, marchand, de la paroisse de Thenac.

N° 20. — *28 juin 1762.* — Pierre Chachereau, bourgeois du bourg du Petit Mail, est désigné comme gardien et pour faire la perception et régie des revenus et biens de l'abbaye de La Tenaille, du prieuré de Saint-Genis et de toutes les dépendances.

N° 21. — *28 juin 1762.* — Le sieur Charrier, ancien boulanger à Saintes, est nommé gardien, sequestre et économe pour la régie et perception des biens dépendants du Collège de Saintes, de ceux biens situés en la dite ville qui sont: près de la prairie basse de Saintes (trois journaux); prés semés de luzerne au faubourg Saint-Palais de Saintes (quatre journaux); une maison; trois ou quatre petites boutiques; un jardin; 400 l. de rente que produit la perception de. . . . .; rente sur le jeu de paume. . . .

N° 30. — *21 juillet 1762.* — Réclamation de M Izaac-Jacques Richier, écuyer et seigneur de Touchelongue, faisant tant pour lui que pour ses co-héritiers de la succession de dame Marguerite Richier, veuve de Messire Job Forant, en son vivant premier chef d'escadron et commandant les armées navales de Sa Majesté, succession faite le 17 avril 1720, en faveur des R. P. Jésuites. Attendu que les R. P. ne peuvent plus conformément à l'arrêt du parlement de Bordeaux remplir les conditions indiquées dans le testament, Richier et les co-héritiers demandent à être remboursés.

N° 31. — *1er août 1762.* — Procès-verbal d'expulsion des Jésuites de Saintes.

Ont procédé à cette expulsion : Emmanuel Caietan Leberton, Conseiller du Roy, Président, Lieutenant général de la sénéchaussée et du siège présidial de Saintes; Baptiste-Louis de Beaune, Procureur du Roy; J.-B. Méthé de Fonrémis, Conseiller du Roy; et Jean Brunet, greffier du siège.

Etaient encore présents à la date du 1er août 1762 :

Les R. R. P. Jean-François Pichon, Recteur; Jean-Baptiste Mousset, syndic et procureur; les R. R. P. professeurs Michel Darèche, Marthe-Esprit Lecesve, Joseph Léonard du Repaire, Jean Chabrière, Antoine Laborie, Pierre Lartigue, et F. Coudure, dépensier; F. Pierre Lugan et F. Jacques-Raymond Bernard, employés coadjuteurs.

Les autres R. P. nommés dans le procès-verbal du 2 juin se sont retirés chez eux et la Cour a eu déjà la bonté de pourvoir à leurs besoins.

Le P. Bertrand Regnard, prêtre infirme, s'est retiré à Pont-l'Abbé.

Le même procès-verbal porte la vérification de l'état des lieux; la vérification de la chapelle et de la sacristie, ornements, vases..... déjà inscrits et autres non inscrits à l'inventaire du 9 juin dernier; la nomination de Jean Vert, cordonnier et de Laborde l'aîné, arquebusier, comme gardiens des scellés; donne ordre d'amener les deux juments à la propriété des Gonds.

N° 37. — *6 août 1762.* — Procès-verbal de l'inventaire de la bibliothèque des Jésuites de Marennes. Voir n° 3. Livres cédés aux Bénédictins du Collège de Saintes. L'inventaire (12 feuilles) porte les titres de 771 ouvrages.

N° 39. — *9 et 10 août 1762.* — Procès-verbal de la vente des effets des ci-devant Jésuites dans le domaine des Gonds. Cette vente a produit 1462 livres 9 sols. Signé : Leberton, de Beaune, Méthé de Fonrémis.

N° 40. — *12 août 1762.* — Procès-verbal de la vente des effets qui étaient à l'abbaye de La Tenaille et au prieuré de Saint-Genis; la vente a produit 2414 livres 3 sols 3 deniers.

N° 41. — *27 août 1672.* — La Cour de Bordeaux autorise la ville de Saintes à passer traité avec les religieux Bénédictins de Saint-Maur pour remplacer les Jésuites au Collège de la dite ville.

N° 42. — *1er septembre 1762.* — Ordonnances par lesquelles M. Pierre Senné, notaire royal à Saintes, est nommé économe général et administrateur des biens des ci-devant Jésuites situés à Saintes, à Marennes et tant dans la présente sénéchaussée que dans celle de Saint-Jean-d'Angély.

N° 43. — *23 octobre 1762.* — Procès-verbal de prise de possession des Bénédictins du Collège de Saintes. Levé des scellés; vérifications. Dom Arcis et Dom Rechignac, gardiens des scellés de la bibliothèque et responsables de tout. Etaient présents :

1. — Dom Arcis Ambroise, prêtre religieux de la congrégation de Saint-Maur, prieur de l'abbaye de Saint-Cyprien de Poitiers;

2. — Dom Rechignac, Etienne, prêtre religieux de la congrégation de Saint-Maur, prieur de l'abbaye de Saint-Jean-d'Angély;

3. — Dom Baron, 4 Dom Astruc, 5 Dom Labosse, 6 Dom Cartier, 7 Dom Desmathieu, 8 Dom Deforis, sous-prieur, 9 Dom Rivet, procureur.

N° 44. — *24 novembre 1762.* — Procès-verbal d'inventaire des livres de la bibliothèque, environ un mille quatre cent cinquante volumes. Ce dossier contient 72 feuilles.

La remise de la bibliothèque a été faite le 2 décembre à Dom Arcis.

N° 45. — *11 novembre 1762.* — Les biens des Jésuites de Marennes ayant été réunis à ceux des Jésuites de Saintes sous l'administration de M. Pierre Senné; les réclamations des intéressés sont faites à ce dernier.

Demande de André-François Rivière, curé de la paroisse de Saint-Pierre d'Oleron, disant que le prieuré de Saint-Barthélemy, situé dans la dite paroisse, n'avait été réuni à la maison des Jésuites de Marennes qu'à charges et conditions que lui remplit actuellement.

La somme de 150 livres est accordée provisoirement jusqu'à décision de la Cour et sera payée par M. Senné, économe général.

N° 46. — *29 novembre 1762.* — Demande de François Forestier, docteur médecin du Collège de Saintes, conseiller, médecin du Roy, pour sa pension annuelle de soixante livres pour soins et consultations. Sont accordées trente-cinq livres pour les sept mois écoulés.

N° 47. — *15 décembre 1762.* — Le sieur Pierre Patrouilleau, négociant au Château d'Oleron, avait fait traité avec les R. P. Jésuites pour tous les sels qui leur appartenaient dans l'Isle d'Oleron (689 muids montant à la somme de 3431 livres) sur lesquels il a déjà payé 1200 livres; il demande livraison du reste. Acte du serment de P. Patrouilleau pour valoir et servir ce que de raison.

N° 49. — *29 novembre 1762.* — M. Giraudeau, baron de Chaulnes, prêtre, ancien R. P. Jésuite de Marennes, réclame un certificat pour pouvoir toucher la pension, conformément à l'arrêt du Parlement de Paris du 6 août 1762: il déclare qu'il s'est retiré aux Sables-d'Olonne chez M. de la Thibergère.

N° 51. — *21 décembre 1762.* — Procès-verbal des vœux. — Extrait des livres de Marennes. — Les sieurs Bonaventure Giraudeau, J.-B. Parade, Balthazar Farines, Pierre-Joseph Roudanès, J.-B. Moubeth, François Nivard, Louis-Joseph Perrin, Pierre Leveau, tous prêtres de la Société de Jésus et André Borde, coadjuteur, ont leurs vœux consignés dans ce procès-verbal.

N°s 52, 53 54, 55. — *Décembre 1762.* — Demande des R. P. ci-dessus désignés n° 51 d'une copie et acte de leurs vœux : cette pièce leur était nécessaire pour faire valoir leurs droits à une pension.

N°s **58, 59, 60, 61.** — *Janvier 1763.* — Demandes de recherche d'émission de vœux et certificat de vie pour les RR. PP. Jacques de Rambure, Dominique Salesse.

Les pièces suivantes sont relatives à l'installation au Collège des Religieux Bénédictins.

N° 56. — *17 mars 1763.* — Requête de Dom Rivet, procureur des Bénédictins du Collège de Saintes à l'Econome séquestre des biens et domaines du prieuré de St-Laurent de la Prée.

N° 57. — *22 décembre 1762.* — Arrêt concernant le Collège de Saintes. Extrait des registres du parlement de Bordeaux. Les Bénédictins sont mis en lieu et place des Jésuites, ils auront l'administration de tous les biens que possédaient les cy devant Jésuites de Saintes et de Marennes situés dans la juridiction de Bordeaux et de Paris.

N° 62. — *2 mars 1763.* — Procès-verbal de prise de possession du Collège de Saintes par les Bénédictins. On y lit pour la bibliothèque « Distraction des livres condamnés et flétris par la Cour suivant l'arrêt du 23 juin dernier. »

Le procès-verbal porte un état de lieux. Ont signé : Jean Péronneau, charpentier ; Pierre Guillot, maçon.

N° 63. — *4 mars 1763.* — Requête pour la délivrance des procès-verbaux dressés par les officiers de la sénéchaussée de St-Jean d'Angély en exécution des arrêts de la cour des 26 mai et 23 juillet 1762 pour permettre la prise de possession en faveur des Bénédictins.

N° 66. — *5 mars 1763.* — Signification à MM. les officiers du siège royal de la ville de St-Jean d'Angély de l'arrêt du 22 décembre 1762 en faveur des R. P. Bénédictins du Collège de Saintes.

N° 64. — *5 mars 1763.* — Prise de possession du Jeu de Paume et dépendances. Etat des lieux.

N° 65. — *5 mars 1763.* — Prise de possession des biens des Gonds et dépendances. Etat des lieux.

N° 67. — *7 mars 1763.* — Prise de possession de la Borderie de Ste-Marie et dépendances. Etat des lieux.

N° 68. — *9 mars 1763.* — Prise de possession des biens et domaines de Deuil (St-Jean-d'Angély). Etat des lieux.

N° 69. — *11 mars 1763.* — Prise de possession du domaine de Sanxsaix à 3 lieues de Deuil. Etat des lieux.

N° 71. — *12 mars 1763.* — Prise de possession du prieuré de Ranson, près de Mauzé (St-Jean-d'Angély). Etat des lieux.

N° 72. — *14 mars* — Prise de possession du prieuré de Sonnac, à 5 lieues de St-Jean. Etat des lieux.

N° 73. — *15 mars* — Prise de possession de l'église de Macqueville, près Balan. Etat des lieux.

N° 74. — *15 mars* — Prise de possession de l'église de Balan et de ses revenus. Etat des lieux.

N° 75. — *15 mars* — Prise de possession de l'église de Brie et de ses revenus. Etat des lieux.

N° 76. — *17 mars* — Prise de possession du prieuré et église de St-Genis. Etat des lieux.

N° 70. — *18 mars* — Prise de possession de l'abbaye de La Tenaille et dépendances. Etat des lieux.

N° 77. — *14 avril* — Prise de possession du fief des Robelets (sur la paroisse d'Hiers, d'Hiers-Brouage). Etat des lieux.

N° 80. — *17 avril 1763.* — Dom François Baron des Bénédictins de Saintes reçoit les livres de la bibliothèque de Marennes.

N° 82. — *8 mai 1764.* — Demande par le syndic de la communauté de St-Eutrope de la déclaration judiciaire par le Collège de Saintes des revenus et charges touchant la redevance du prieuré de St-Genis.

Les pièces suivantes sont relatives à l'installation du Collège des Prêtres séculiers.

N° 83. — *2 janvier 1766.* — Inventaire des objets, meubles.... du Collège de Saintes par suite du départ des Bénédictins : apposition des scellés.

Reçu de Dom Deforis relatif aux papiers et archives de Saint-Jean-d'Angély.

N° 84. — *18 novembre 1766.* — Procès-verbal de la levée des scellés apposés au Collège de Saintes et remise faite à MM. Hardy, Principal, Marchal, sous-Principal et aux autres régents.

Installation du Principal et des Régents.

Extrait de la délibération du Bureau d'administration du 18 novembre 1766 donnant décharge aux RR. PP. Bénédictins et confiant le tout à M. le Principal Hardy, sauf les livres de Marennes.

Aux archives H. 65 se trouvent sept autres pièces portant titre *Société de Jésus* concernant certaines rentes et unions : années 1683 à 1754.

N° 1. — *15 octobre 1683.* — Rente acceptée par le Syndic du Clergé, au nom du Clergé, au profit de J. B. Delagny, seigneur des Bugaudières pour la somme de 1575 livres baillée et prêtée par ce dernier.

N° 2. — Echange du fief de La Tenaille..... contre la rente ci-dessus consentie en faveur des RR. Chatenet, Recteur et Jean Champigny, procureur du Collège des Jésuites de Saintes. Le fief de La Tenaille appartenait depuis 1292 aux Religieux de Saint Benoît de la paroisse de Saint-Sigismond de Clermon, diocèse de Saintes ; à ce fief tenaient des terres situées au village de Brettes, paroisse de Saint-Germain de Marencennes, Baronnie de Surgères.

N° 3. — Remboursement du capital de la rente souscrite par le clergé dont hypothèque a été prise sur les terres de Brettes et de la Tenaille. L'acte du 2 juillet 1720 devant Me Dalidet, notaire à Saintes, est en faveur de Messire Jean Guillaume de Saint-Léger, chevalier seigneur de la Sausay et des Bugaudières, capitaine de vaisseau et major des armées navales de Rochefort. Les RR. PP. Cézar de Lalande et Jean Burgère, le premier Recteur et le second syndic du Collège de Saintes, se réservent la faculté de rentrer dans le sus dit fief, au cas que dans six ans l'emploi auquel le dit seigneur de Saint-Léger s'est engagé ne fût pas accompli.

N° 4. — *20 juin 1731.* — Acte de transport des moulins à eau et à vent de Deuil, près Beauvoir sur Niort, consenti par le R. P. Brugère, syndic du Collège, à Pierre Guimberteau et Marguerite Viaud, moyennant la rente foncière de 300 boisseaux de blé, signé Crosnier, notaire à Rohan.

N° 5. — *12 juin 1733.* — Arentement fait par le R. P. Brugère des moulins de Deuil à Claud. Viault, moyennant 300 boisseaux de blé, signé L. Crosnier.

N° 6. — *5 Décembre 1737.* — Constitution d'une rente annuelle de cent livres par Me Jean Héard, notaire royal et juge de la Chatailenie de Saint-Dizant du Bois, au R. P. Brugère, syndic du

Collège et à ses successeurs, pour la somme de deux mille livres que le P. Brugère, a compté au sieur Héard en monnaie d'or et d'argent.

N° 7. — Mémoire de 1754 relatif à l'union du Prieuré de Frontenay (ordre de Saint-Benoît). Protestation du curé et des habitants. — Avis des avocats. — Procédure.

TROISIÈME PARTIE

de 1762 à 1766

LES BÉNÉDICTINS

Le Parlement de Bordeaux avait dans ses arrêts du 26 Mai et 13 Août 1762 ordonné « qu'il serait incessamment et sans délai « tenu en la ville de Saintes une assemblée générale des « différents ordres d'icelle, dans laquelle il sera délibéré sur le « remplacement à faire dans le Collège de la dite ville, sur le « choix des personnes ou communauté, capables de remplacer « dans l'éducation de la jeunesse les ci-devant Jésuites et que « procès-verbal de la délibération sera incontinent envoyé au « Procureur général du Roi, pour, à la vue d'icelui, la ville de « Saintes être autorisée à passer tels traité, convention ou contract « que de raison avec qui et ainsi qu'il appartiendra pour iceux « être homologués par la Cour, s'il y a lieu. »

Dès le 21 du mois d'août, une assemblée générale composée des députés des différents Ordres arrête « que les Religieux « Bénédictins de la Congrégation de St-Maur étant ceux qui « paraissent les plus propres à l'éducation de la jeunesse, « l'assemblée les a, sous le bon plaisir de la Cour, choisis pour « le remplacement ordonné ».

La Cour de Bordeaux autorise le 27 août la ville de Saintes à traiter avec les Religieux Bénédictins pour remplacer les Jésuites au Collège de la dite ville.

Messieurs du corps de ville firent diligence et le Général de la Congrégation de St-Maur écrivait le 12 septembre la lettre suivante : « Monsieur le Maire, Les sentiments honorables « que « vous avez la bonté de témoigner à notre Congrégation....

« vous ont déterminé à nous donner la préférence pour nous « confier le soin et l'éducation de votre jeunesse..... c'est « donc avec toute la reconnaissance dont je puis être capable, « Monsieur, que j'accepte vos offres.....

» Signé : D'Elrue, Général. »

Dom Arcis Ambroise, prêtre Religieux de la Compagnie de St-Maur, Prieur de l'Abbaye de St-Cyprien de Poitiers et Don Rechiniat Etienne, Prieur de l'Abbaye de St-Jean-d'Angély, agissant au nom de la Congrégation,

Et Arnaud Guillaume Gaudriaud, Maire; Thomas Denoues et Charles Desguères, chanoines de la cathédrale ; Claude Dangibeaud, Philippe Auguste Vieuille, conseillers du Roi au Sénéchal et Présidial; Michel Héard, avocat et échevin, André Guénon, Procureur syndic, agissant au nom de la ville de Saintes, établissent le traité conventionnel le 21 octobre.

Deux jours après, le 23 octobre, eut lieu la prise de possession du Collège par les Bénédictins; le procès-verbal (nº 43, archives D) indique la levée des scellés et la vérification. Dom Arcis et Don Rechiniat (ou Rechignat) restent gardiens des scellés encore posés à la Bibliothèque et sont responsables de tout. Etaient présents : Doms Arcis, Rechignat, Baron, Astruc, Labosse, Cartier, Desmathieu, Deforis, Rivet.

Les classes furent ouvertes le mercredi 3 novembre 1762.

Un arrêt du Parlement de Bordeaux, en date du 22 Décembre de la même année, porte « que les Bénédictins, sont établis en « lieu et place des RR. Jésuites et qu'ils auront l'administration « de tous les biens, situés dans la Juridiction de Bordeaux et de « Paris, qui avaient appartenu à leurs prédécesseurs. »

Le personnel du Collège se composait de :

1. Dom Arcis, prieur de St-Cyprien de Poitiers, Principal,
2. D. Astruc, prieur de l'Abbaye de St-Jean d'Angély,
3. D. Deforis, Sous-Prieur,
4. D. Baron, Préfet,
5. D. Joseph Rivet, Procureur,
6. D. Cartier, professeur de philosophie,
7. D. Desmathieu, professeur de physique et sciences,
8. D. Couraud, Régent de Rhétorique,
9. D. Jousseaume, Régent de Seconde,

10. D. Labosse, Régent de Troisième,
11. D. Martinet, Régent de Quatrième,
12. D. Lestorde, Régent de Cinquième,
13. D. Castaigne, Suppléant,
14. D. Moniot, Suppléant,

Après le décès de Dom Arcis (mars 1763), Dom Astruc fut nommé Prieur Principal le 30 Mars; le professeur D. Jousseaume dut quitter Saintes quelque temps après ; son nom ne se trouve plus au procès-verbal du départ en date du 2 janvier 1766.

Le nombre des élèves ne dépassa pas cent; il résulte du travail de M. Moufflet qu'il n'y avait dès la rentrée de l'année scolaire 1762-1763 aucun élève capable de suivre la Rhétorique et que plusieurs élèves des classes de grammaire furent renvoyés dans les Ecoles préparatoires de la Ville; une classe de sixième fut même annexée au Collège.

Un édit royal du mois de février 1763 avait prescrit que tous les biens et revenus appartenant au Collège des Jésuites, qui devaient rester au profit du nouveau Collège, seraient gérés par un Bureau d'administration ; dès le mois de Mars, sur la requête de Dom Rivet, la prise de possession eut lieu le 5, pour le Jeu de Paume et les biens des Gonds ; le 7, pour la Borderie de Ste-Marie ; le 9, pour le domaine de Deuil ; le 11, pour le domaine de Sansaix; le 12, pour le prieuré de Ranson, près de Mauzé ; le 14, pour le prieuré de Sonnac ; le 15, pour les Eglises et revenus de Macqueville, Balan et Brie; le 17, pour le prieuré de St-Genis ; le 18 pour l'Abbaye de la Tenaille et de ses dépendances. Le 17 mars, par une nouvelle requête, le procureur du Collège réclame le Prieuré de St-Laurent de la Prée et le 17 avril Dom Baron reçoit les livres de la bibliothèque des Jésuites de Marennes. Il faut croire qu'il y eut opposition à toutes ces possessions par M. Pierre Sené, notaire royal à Saintes, qui avait été nommé le 1er septembre 1762 Econome général et administrateur des biens sous séquestre des ci-devant Jésuites, tous biens situés à Saintes, à Marennes et tous ceux dans la présente Sénéchaussée et dans celle de St-Jean d'Angély.

Le Roi n'avait pas approuvé les conventions établies entre les Bénédictins et la ville de Saintes ; le 24 mai 1763 un placet est adressé au Roi pour le maintien des PP. Bénédictins ; la réponse arrivée à Saintes le 3 novembre, indique qu'il faut avant tout se conformer à l'Edit de 1763, en nommant un Bureau d'administration du Collège.

Assurément l'Econome, gardien du séquestre, n'avait aucun compte à rendre aux Religieux Bénédictins qui auraient voulu posséder comme leurs prédécesseurs toute liberté d'action ; il n'était responsable que devant le Bureau.

Les choses durèrent ainsi jusqu'à la fin de l'année scolaire 1764-1765 ; les revenus du Collège étaient toujours sous séquestre ; les RR. PP. Bénédictins ne recevaient rien et le 5 octobre 1765 F. J. Delrue, Général de la Congrégation de St-Maur, écrivait à Monsieur le Maire la lettre suivante : « Monsieur, nous vous « serons toujours très reconnaissants des bons sentiments que « vous avez pour notre compagnie..... nous avons pris notre « dernière résolution de renoncer au service de votre Collège..... « faute d'y avoir des revenus. Nos RR. PP. Bénédictins de « Saintes se trouvent accablés de dettes criardes pour plus de « quinze mille livres et pour lesquelles on les tourmente « continuellement. ».

Cette situation s'explique par le traité qui liait la ville aux PP. Bénédictins ; la ville ne pouvait pas disposer des anciens biens des Jésuites sans se conformer à l'Edit de 1763 ; les Bénédictins ne pouvaient pas consentir à la nomination d'un Bureau d'administration choisi en dehors de leur compagnie ; quelques-uns se retirèrent à la fin de l'année 1765, d'autres restèrent jusqu'au 18 novembre 1766.

Le procès-verbal d'inventaire des objets, meubles... du Collège de Saintes est du 2 janvier 1766 ; on y trouve les noms de tous les Bénédictins qui avaient été installés au Collège le 3 novembre 1762, excepté ceux de Dom Arcis décédé en 1763 et celui de Dom Jousseaume qui fut remplacé probablement par l'un des Suppléants.

NOTES DE LA TROISIÈME PARTIE

ASSEMBLÉE GÉNÉRALE DU 21 AOUT 1762

A l'assemblée générale convoquée et tenue à l'hôtel-de-ville par M. Gaudriaud, maire, à laquelle ont assisté :

MM. Dudon, doyen de l'église cathédrale et Mont Dauplin, députés du clergé ;

MM. Mossion de La Gontherie et Thomas Desnoues, députés de MM. du chapitre ;

MM. Leberthon, lieutenant président, de Robert de Rochecouste, conseiller du Roi et Compagnon pour M. le procureur du Roi, commissaires chargés de l'exécution des arrêts du 26 mai et du 13 août ;

MM. Méthé de Fonremis et Degranges, députés de MM. du présidial ;

MM. Guillotin et Potevin, députés de l'élection ;

MM. Chateauneuf, Senné, Ardouin et autres notables habitants de la ville de Saintes.

A été dit par M. le Maire que, par l'arrêt du 13 de ce mois, il a été ordonné qu'il sera, incessamment et sans délai, tenu dans la présente ville, aux formes usitées, une assemblée générale des différents ordres d'icelle, aux fins de délibérer sur le remplacement à faire dans le Collège de la dite présente ville, et sur le choix des personnes ou communauté, capables de remplacer les ci-devant soi disant Jésuites

En conséquence, il a prié Messieurs de l'assemblée de délibérer et se déterminer sur les dits objets.

Sur quoi, lecture faite du dit arrêt, ouï le sieur Guenon, procureur syndic, il a été d'une voix unanime arrêté que les religieux Bénédictins de la Congrégation de Saint-Maur étant ceux qui paraissent les plus propres à l'éducation de la jeunesse, l'assemblée les a, sous le bon plaisir de la Cour, choisis pour le remplacement ordonné par le dit arrêt.

A ces fins le Parlement sera supplié de donner à la présente ville les pouvoirs nécessaires pour passer tous contrats ou conventions avec les dits religieux pour leur établissement au Collège de Saintes.

---

27 août 1762 — La Cour du Parlement de Bordeaux, sous le bon plaisir du seigneur Roy, a autorisé et autorise la ville de Saintes à passer avec les Bénédictins de la Congrégation de Saint-Maur, pour le Collège, tels accords, traités et concordats qu'elle jugera les plus convenables et les plus avantageux pour l'instruction de la jeunesse. . . . .

---

22 décembre 1762. — Arrêt de la Cour du Parlement de Bordeaux qui homologue le traité et accord passé le 21 octobre 1762.

TRAITÉ conclu entre les Autorités de Saintes et les Bénédictins, relativement au Collège que la dite ville de Saintes abandonne aux dits Pères Bénédictins avec tous les biens, rentes, revenus. . . . . y affectés. — (Extrait des Archives Municipales).

Entre Messieurs Arnaud-Guillaume Gaudriaud, conseiller et procureur du Roi en la maréchaussée générale d'Aunis, en résidence de la ville de Saintes, maire et colonel de la même ville ; Messires

Ar.-Thomas Desnoues et Charles-Marc-Antoine Desguères, chanoines de l'église cathédrale de Saint-Pierre de cette ville; Messieurs Claude Dangibaud, Philippe-Auguste Vieuille, conseillers du Roi au sénéchal et présidial; Messire Antoine Héard, avocat en Parlement, pair et échevin et Messire Jean-André Guenon, aussi avocat en Parlement, procureur syndic de cette ville, commissaires nommés par leurs corps respectifs en exécution de l'arrêt du Parlement séant à Bordeaux, en date du 27 août dernier, qui, en approuvant le choix fait par les différents ordres de la ville des religieux Bénédictins de la Congrégation de Saint-Maur pour remplacer les ci-devant soi disant Jésuites dans le Collège, autorise la ville à traiter à cet objet avec les dits Religieux, d'une part;

Et Révérends Pères Doms Ambroise, Arcis et Etienne Rechigniat, prêtres religieux de la dite Congrégation de Saint-Maur, le premier prieur de l'abbaye de Saint-Cyprien de Poitiers, le second de celle de Saint-Jean-d'Angély, ayant pouvoir à l'effet des présentes du T. R. P. Dom Joseph Delrue, supérieur général des dits Ordre et Congrégation et de Doms Jean Fèvre et Jacques-Nicolas Cresthien, aussi prêtres religieux des dits Ordre et congrégation, assistants du R. P. Général, suivant leur procuration signée d'eux, passée à Paris par Davon et son confrère, notaires au Châtelet, en date du onze du présent mois, que les dits Doms Arcis et Rechiniat ont représentée en minute signée en marge *ne varietur*, et remise pour demeurer annexée à ces présentes, d'autre part;

Etant assemblés à l'hôtel commun de la dite ville, il a été, après plusieurs conférences, traité, accordé et convenu, sous le bon plaisir du Parlement, ce qui suit, savoir :

1º Que la dite Congrégation fournira douze de ses religieux, dont huit destinés pour l'enseignement, auront la capacité et les talents nécessaires pour s'acquitter dignement de cet emploi, savoir : deux professeurs pour deux cours de philosophie, un professeur de rhétorique, quatre autres pour les humanités et un préfet; des autres, l'un tiendra la place de principal et le second celle de sous-principal, et les deux autres seront pour suppléer à ceux des professeurs qui viendront à tomber malades; et chacun d'eux aura les qualités requises pour les différentes places.

2º Que le nombre de douze, des qualités et capacités ci-dessus expliquées, sera entretenu à perpétuité dans le Collège par la dite Congrégation.

3º Jusqu'à ce qu'il y ait un règlement général concernant les études, les professeurs pourront suivre la méthode qui est actuellement en usage dans cette Congrégation.

4º Le Supérieur, tenant la place de Principal, veillera à ce que les Professeurs aient soin d'inspirer à leurs disciples le plus grand respect pour les Supérieurs légitimes, tant ecclésiastiques que séculiers et de leur insinuer peu à peu, à mesure que la raison se développera en eux, les devoirs et obligations indispensables, desquels sont tenus l'homme chrétien envers Dieu, le sujet envers son Roi, et le citoyen pour le bien commun de la patrie.

5º Le professeur de Rhétorique fera chaque année deux discours, le premier par lui-même à l'ouverture des classes, le second dans le cours de l'année par lui ou par ses écoliers, suivant qu'il le jugera convenable.

6º Les professeurs de philosophie ne feront soutenir à leurs disciples aucun acte public qu'après avoir communiqué les thèses à Mgr l'Evêque et aux maire et Echevins.

7° Aucun des professeurs ne pourra de son propre mouvement exclure aucun écolier du Collège ou l'obliger de s'en retirer; mais s'il arrive que quelque écolier commette des fautes assez graves pour mériter d'en être chassé, ou que le professeur, après une épreuve suffisante, ait reconnu qu'un écolier n'a pas l'aptitude ni les dispositions nécessaires pour l'étude des belles-lettres, il en avertira le supérieur et le préfet qui, d'un commun concert avec les Maire et échevins, y pourvoiront.

8° Les dits Religieux viendront occuper le Collège incessamment; ils ouvriront les classes le trois de novembre prochain et, chaque année, à pareil jour.

9° L'école durera deux heures et demie le matin et deux heures et demie l'après-midi pour les classes de 2e, 3e, 4e et 5e et deux heures seulement matin et soir pour la philosophie et la rhétorique. Il n'y aura de vacances dans la semaine pleine que le jeudi et on entrera ce jour-là même, si avant ou après il se trouve dans la même semaine quelque fête de précepte, ou des fêtes observées dans la dite congrégation.

10° Les petites vacances seront pendant l'octave de Noël, depuis le mercredi de la semaine sainte inclusivement jusqu'au mercredi de celle de Quasimodo exclusivement, et les trois jours qui précèdent celui des Cendres. Les grandes vacances seront pour la philosophie depuis le 15 du mois d'août jusqu'au 3 novembre, pour la rhétorique depuis le dernier du mois d'août et pour les humanités depuis le 8 septembre jusqu'au même jour 3 novembre.

11° Les Maire et Echevins auront le droit d'inspection et de visite sur le Collège; ils pourront l'exercer toutes fois et quand ils le jugeront à propos sauf le droit de Mgr l'Evêque pour tout ce qui concerne la doctrine.

12° La maison du Collège et ses dépendances, telles que le tout est présentement, la bibliothèque avec tous les meubles, linges et effets, ustensiles, bois, vin qui y sont, l'église avec les ornements, les vases sacrés et généralement tout ce qui se trouvera destiné au service de la décoration de l'autel et de l'église, ensemble tous les biens et revenus actuellement attachés au même Collège, les meubles et effets qui se trouveront non vendus dans les dits biens, les ornements et choses servant au service des églises ou chapelles en dépendant, et généralement tous les biens actuellement existant dont jouissaient et avaient droit de jouir les soi-disant Jésuites, à quelque titre que ce soit, sans du tout en rien réserver ni excepter, seront et demeureront comme ci-devant unis, affectés et attachés aux dites maison et Collège, pour, par les religieux de la dite congrégation qui viendront l'occuper, en jouir, eux et leurs successeurs, ainsi qu'en ont joui ou dû jouir lesdits ci-devant soi-disant Jésuites.

A la charge par lesdits religieux et leurs successeurs:

1° D'entretenir de toutes réparations les bâtiments du Collège, de l'Eglise et tous les autres dépendant desdits biens et les biens mêmes;

2° D'acquitter ou faire acquitter, ainsi qu'ils le jugeront à propos les fondations qui consistent en une mission tous les sept ans dans les paroisses de St-Sever et Montils, une autre mission aussi tous les sept ans dans la paroisse de Macqueville, une mission tous les cinq ans dans la paroisse de Deuil, douze sermons chaque année à St-Georges-des-Coteaux de Saintes, les messes prescrites par les titres de fondation de la chapelle fondée dans l'église cathédrale de St-Pierre de la présente ville et réunis au dict Collège, et dans l'obligation de confesser pendant huit jours dans le temps Pascal et prêcher le Vendredi-Saint et le jour de Pâques à la paroisse de Nouillers;

3o D'acquitter les droits seigneuriaux et toutes autres charges auxquelles les dits biens sont et peuvent être sujets;

4o De payer les pensions que le Parlement pourra accorder à ceux des ci-devant Jésuites qui occupaient le Collège le 26 Mai dernier et qui lors étaient âgés de 38 ans accomplis, et, les dites pensions éteintes ou n'ayant pas lieu, la dite congrégation, outre les professeurs ci-dessus, fournira un professeur de mathématiques et un autre pour la langue grecque, laquelle présente charge concernant les deux professeurs, les dits Doms Arcis et Rechigniat promettent faire approuver et ratifier au T. R. P. Général et à ses assistants.

5o Il sera pris chaque année sur les dits revenus la somme de cent livres pour être employée aux livres qui seront donnés pour prix, à raison de deux pour chacune des classes de rhétorique, 2e, 3e, 4e et 5e à la fin de l'année littéraire à ceux des écoliers qui les auront mérités pendant le cours d'icelle. Cette distribution sera faite publiquement en présence des Maire et Echevins, qui à ces fins y seront invités.

Du jour que les dits Religieux seront mis en possession du dit Collège, la régie des biens et revenus qui y sont attachés et dont jouissaient les ci-devant Jésuites cessera et les denrées et revenus que les économes du séquestre auront perçus, ou le prix, si la vente se trouve avoir été faite, seront remis entre les mains des mêmes Religieux, à la charge des frais de régie, suivant le règlement qui sera fait à qui il appartient.

Et attendu les dépenses indispensables que les Religieux seront obligés de faire pour leur établissement dans le Collège, le Parlement sera supplié de leur accorder main levée des dossiers qui se trouveront entre les mains des dits économes du séquestre général ou particulier au jour de la mise en possession des sommes qui se trouveraient dues par les fermiers des biens du Collège, pour laquelle main levée et celle des fruits, denrées et revenus de la présente année, le Corps de Ville fera auprès du Parlement toutes les diligences nécessaires ainsi que pour l'homologation du présent traité.

Lors de la mise en possession des dits religieux, il leur sera remis une expédition en forme des procès-verbaux et inventaires des meubles, titres, papiers, biens et revenus appartenant aux dites maison et Collège; et le Parlement sera par les Maire et Echevins supplié d'ordonner que les dits papiers et renseignements concernant les dits biens soient remis aux dits Religieux.

Tout ce que dessus, nous Commissaires et fondés de procurations, soussignés sous les dits noms et qualités, avons ainsi, sous le bon plaisir de la Cour, voulu, convenu, accordé et accepté, promettons et nous obligeons, chacun en ce qui nous concerne pour nous et nos successeurs, le garder, observer et entretenir à perpétuité aux peines de droit. En foi de quoi avons signé ces présentes desquelles il sera fait six doubles signées de toutes parties, dont l'une sera envoyée à M. le Procureur général pour le greffe de la Cour, deux pour les RR. PP., une pour le Chapitre, une au greffe du Sénéchal, une déposée avec l'arrêt d'homologation qui interviendra dans les Archives de l'Hôtel-de-Ville.

Fait et arrêté à l'hôtel commun de la Ville de Saintes, le 21 octobre 1762. Ont signé :

Gaudriaud, maire ; Thomas Denoux, Dalguière, Dangibaud, pour accélérer l'établissement du Collège seulement et sous toutes nos protestations de fait et de droit contre la teneur portée au onzième article du présent traité, concernant l'inspection sur le dit Collège, attribuée au Corps de Ville, primativement à notre Compagnie ; Vieuille, sous les mêmes protestations ci-dessus ; Héard, sans approuver les protestations ; Guenon, sans approuver les protestations ; Dom Arcis ; Dom Rechigniat.

QUATRIÈME PARTIE

LE COLLÈGE DE 1766 A 1797

Après avoir reçu la lettre du Supérieur général de la Congrégation de Saint-Maur qui déclare que les R. P. Bénédictins sont dans l'obligation de se retirer, M. le Maire de la ville de Saintes convoque le Conseil de la commune et lui demande de préparer une nouvelle organisation. Mgr l'Évêque et Messieurs du Chapitre sont invités à donner leur avis et à prêter leur grande influence.

Un bureau d'administration fut immédiatement nommé conformément à l'Edit de 1763 ; une demande conforme et des propositions furent faites au Roi qui, par ses lettres patentes datées de Compiègne le 24 août 1766, approuva l'organisation du Collège, sous la direction de prêtres séculiers, munis de leurs grades universitaires.

Les scellés avaient été appposés au Collège le 2 janvier ; par une délibération du 18 novembre, le Bureau donne décharge aux R. P. Bénédictins et confie la maison du Collège à M. Hardy et à ses collaborateurs.

Le Principal et les Régents furent installés le même jour.

Le Collège des Jésuites devint légalement le Collège Royal de l'Annonciation de la Vierge.

Le personnel était ainsi composé :

1. Louis Augustin Hardy, prêtre du diocèse de Saintes, maître ès-arts, Principal ;

2. Jean Marchal, diacre du diocèse de Verdun, maître ès-arts, Sous-Principal ;

3. Thomas-Joseph Bonnerot, prêtre du diocèse de Saintes, Bachelier en Sorbonne, professeur de physique ;

4. Tessier, prêtre du diocèse de Saintes, professeur de Philosophie ;

5. Sigisbert de Rupt, prêtre du diocèse de Verdun, maître ès arts, Régent de Rhétorique ;

6. Delacouture, prêtre..... de Saintes, Régent de Seconde ;

7. Tourneur, clerc tonsuré.... de Saintes, Régent de Troisième ;

8. J. Jacques Péronneau, prêtre..... de Saintes, Régent de quatrième ;

9. Jacques Pierre Vinand, clerc tonsuré de Saintes, Régent de Cinquième ;

10. Jean Croizet, clerc tonsuré du diocèse d'Angoulême, Régent de Sixième.

Le Bureau avait réglé de la manière suivante les traitements : du Principal, 1,200 livres ;

Du Sous-Principal, de professeurs de Philosophie et de Rhétorique, 1,000 livres ;

Des professeurs de Seconde et de Troisième, 900 livres ;

Des professeurs de Quatrième, Cinquième et Sixième, 800 livres.

Tous étaient logés et nourris dans la maison, avaient part au feu et à la chandelle et pouvaient disposer d'une bibliothèque importante faite avec celles des Jésuites de Saintes et de Marennes.

Le règlement concernant la police et la discipline du Collège fut arrêté le 1er août 1767 et homologué le 13 avril 1768, par le Parlement de Bordeaux (voir plus loin ce règlement tiré des archives conservées par M. Moufflet.)

L'article quatrième portait que l'instruction était gratuite.

Le nouveau Collège était riche de tous les biens des Jésuites mis à sa disposition par les lettres patentes ; ces biens étaient gérés par M. Maillet, nommé économe en 1763.

Un rapport de son successeur, de M. Petit, notaire royal à Saintes, prouve que le revenu net s'élevait à plus de trente mille livres sans y comprendre les apports du pensionnat.

Les économies furent assez grandes pour permettre au Bureau de créer des bourses d'internes surtout pour les enfants pauvres des paroisses où le Collège possédait des propriétés.

Le règlement du Collège ne dit rien sur les programmes et sur les méthodes : à cette époque les questions d'enseignement étaient à l'ordre du jour ; le Procureur général du Parlement de Bretagne, La Chalotais, avait publié, en 1763, un plan d'éducation nationale et le Président de Paris, Rolland d'Erceville, venait de faire paraître son Projet des Etudes ; tout le monde proclamait la nécessité d'une réorganisation et y encourageait le gouvernement. « Les Réformistes trouvaient déplorable la prison qu'on « faisait faire à l'esprit de la jeunesse dans l'étude des langues « mortes ; ils s'indignaient qu'on lui laissât ignorer tant de choses « utiles pour l'ennuyer de connaissances qui étaient sans « application dans la vie. Ceux-là plaidaient pour que l'instruction « commençât par les sciences ; d'autres, sans préconiser un « système, plutôt qu'un autre, demandaient que des enfants qu'il « s'agissait d'élever pour la vie civile fussent soustraits à une « direction cléricale. Les esprits légers (et c'était le plus grand « nombre) ne savaient que rire et accabler sous des plaisanteries « les pédants routiniers qui instruisaient la jeunesse, les gâcheux « (maîtres d'études et pions) à qui on livrait pour un morceau « de pain la surveillance de sa conduite, les marchands de « portion qui faisaient d'elle un objet de commerce. »

Ne dirait-on pas que c'est aussi l'histoire d'hier, celle des Réformes de 1880 ?

Déjà les Jésuites avaient apporté quelques modifications dans leur enseignement philosophique ; le *Traité des vérités premières* du P. Buffier forme un lien entre la philosophie du XVIIe siècle qui était finie et celle du XVIIIe siècle qui commençait ; Descartes allait remplacer Aristote ; des notions sur l'histoire et sur les sciences étaient données dans quelques établissements.

Après les Jésuites, il fallait trouver pour les Collèges des maîtres instruits et honnêtes, capables de remplacer ceux qui venaient de partir ; aussi une Ecole Normale supérieure ou plutôt une réunion d'élèves boursiers (de maîtrise et d'agrégation) fut établie en 1762 au Collège Louis-le-Grand pour préparer les futurs professeurs. Il ne s'agissait plus de s'attacher servilement aux autorités de l'antiquité profane ou sacrée, il fallait stimuler la pensée individuelle, développer l'activité et l'esprit d'invention.

Ceux qui enseignèrent à Saintes, à cette époque, étaient jeunes, actifs, capables d'apprendre et ils durent conformer leurs leçons aux besoins de la société.

Jusqu'en 1788, il n'y eut presque pas de changement dans le personnel ; aussi les succès furent considérables et le Collège compta près de cent internes et plus de cent cinquante externes.

Les ressources du Collège allaient en augmentant, des améliorations furent apportées. En 1782 la chapelle des Jésuites, dont l'entrée se trouvait dans la rue de l'Evèché, fut abandonnée et remplacée par celle qui se trouve en face de la grande porte du Collège actuel ; une salle d'exercice fut établie à côté de la nouvelle chapelle et les deux corps du bâtiment faisant un angle vers la rue des Ballets furent reconstruits.

M. Hardy manifeste le 11 juin 1788 l'intention de se retirer ; l'état de sa santé ne lui permet plus de continuer avec la même application les fonctions de principal ; le 11 juin, dans la réunion du Bureau d'administration, Mgr de La Rochefoucault, président, tient à constater que, sous la direction de M. Hardy, le Collège de Saintes a acquis « une grande célébrité » ; que de plus, par une administration sage et ferme, M. Hardy a pu réédifier tous les bâtiments du Collège et lui donner « un air aussi imposant « que le nom de Collège Royal qu'il a l'honneur de porter », que, sous son administration, quinze mille livres ont été placées sur le clergé.

Une pension de 800 livres fut accordée à M. Hardy.

M. de Rupt, qui avait enseigné la Rhétorique depuis 1766 jusqu'à 1778 et qui était Sous-Principal depuis le départ de M. Marchal, fut désigné pour remplacer M. Hardy à partir de la rentrée des classes.

La première année de cette nouvelle administration fut calme malgré la disette générale du blé en France, mais les événements politiques de 1789 et des années suivantes devaient modifier profondément le personnel et la situation financière du Collège de Saintes.

Les différents décrets du 4 août 1789, établissant l'égalité des impôts et l'abolition des droits féodaux et des privilèges ; du 12 août 1789, supprimant les dîmes ecclésiastiques sans rachat ; du 2 novembre 1789, mettant à la disposition de la nation toutes les propriétés et tous les revenus ecclésiastiques ; du 13 février 1790, abolissant les vœux monastiques et les ordres religieux ; du 16 avril 1790, déclarant les dettes du clergé dettes nationales ; du 12 juillet 1790, établissant la constitution civile du clergé, apportèrent un coup terrible à tous les établissements d'instruction publique.

Plusieurs des anciens professeurs du Collège de Saintes avaient déjà demandé à faire valoir leurs droits à la retraite, M. Sabouraud désire se retirer « vu l'incertitude des temps ». M. Hardy réclame le mobilier du Collège qui lui appartient et qui est évalué à 7070 livres ; 2000 livres sont payées comptant et pour le reste trois cents livres de rente viagère sont accordées par le Bureau à M. Hardy ; son successeur se servira des meubles et payera chaque année 353 livres. Cette délibération du Bureau semble indiquer que le Principal du Collège avait une part dans les bénéfices du pensionnat.

Un nouveau Bureau d'administration est nommé et installé le 15 février 1791 ; l'Econome avait constaté dans son rapport qu'il restait à recouvrer 49560 livres et cependant les recettes effectuées surpassaient les dépenses faites de plus de huit mille livres.

Différents membres du Bureau sont désignés pour se transporter aux différentes propriétés du Collège et pour calculer la perte qui résultera de la suppression des dîmes et des corvées.

Les biens de La Tenaille et de Saint-Genis qui rapportaient 6000 livres ne trouvent bailleur qu'au prix de 3500 livres ; les droits supprimés sur la propriété de Deuil et ses annexes, Rançon, Macqueville et Saint-Même sont évalués à 6500 livres.

Ces pertes matérielles étaient sensibles, mais celles qui résultaient du départ du Principal et de plusieurs professeurs devaient porter un plus grand préjudice au Collège de Saintes.

Le Directoire du Département demande le 2 mars l'avis de la municipalité pour le choix à faire des professeurs qui doivent remplacer ceux qui ont refusé le serment. Le 16 mars le nouveau personnel du *Collège national* est installé ; il se composait de M. Dalidet, Principal ; M. Jupin, Sous-Principal ; M. Létourneau, premier professeur de philosophie ; M. Texandier, deuxième professeur de philosophie ; M. Bourignon, en rhétorique ; M. Forget, en seconde ; M. Jobit, en troisième ; M. Guérin, en quatrième ; M. Dulau, en cinquième ; M. Phelipot, en sixième.

La situation des professeurs n'était plus la même, ils ne logeaient plus au Collège et quelques-uns avaient pris des pensionnaires dans leur maison.

Il ne restait des anciens que MM. Jupin, Létourneau, Texandier, Forget.

Tous étaient prêtres excepté M. Bourignon.

Ce dernier, né à Saintes en 1755, s'était fait remarquer par plusieurs mémoires et ouvrages sur les antiquités gauloises et romaines ; il avait pris une part très active au mouvement politique. Sa lettre, en date du 30 décembre 1791, relative à son mariage, mérite attention. Le mariage des professeurs très usité dans les autres pays était une rareté en France ; l'Université de Paris avait fait du célibat une condition obligatoire pour les laïques qui voulaient entrer dans le corps enseignant. Le Bureau d'administration du Collège de Saintes lui accorda non-seulement de loger au Collège, mais le choisit bientôt après, le 4 avril 1792, comme Principal du Collège à la place de M. Jupin, appelé à la cure de Saint-Jean-d'Angély.

Le 9 mai 1791, M. Dalidet avait été nommé supérieur du Séminaire et remplacé par le Sous-Principal.

Plusieurs professeurs, Duchaine, Collet.... partent pour l'armée le 4 août 1792, et ils demandent la conservation de leurs places et de leurs traitements.

Alors commençait pour la France le plus héroïque et le plus sanglant de tous les drames auxquels ont assisté les peuples modernes.

Le traité de Pilnitz (juin 1792), menaçait le pays d'une invasion étrangère. Ordre avait été donné par l'Étranger à l'Assemblée législative de se dissoudre ; elle répondit le 11 juillet 1792 par le cri « la patrie est en danger ».

Nous connaissons les conséquences de cette lutte terrible et cruelle.

Tout ce qui était relatif à l'éducation nationale fut oublié ; les établissements d'instruction furent désertés par les élèves, ils ne conservèrent que les plus jeunes.

Les autres de Saintes et de bien d'autres Collèges, les grands, étaient où se trouvaient déjà deux de leurs maîtres : « à la frontière et sur les champs de bataille ».

M. Bourignon mourut au mois d'août 1793, il eut pour successeur M. Forget : c'est sous son administration qu'eut lieu, le 22 novembre, conformément au décret du 17 juillet 1793, la destruction de tous les papiers et titres de féodalité trouvés dans les archives du Collège. Les membres du Bureau d'administration ne surent pas conserver ces documents qui seraient aujourd'hui bien utiles pour l'histoire du Collège ; ils ne cherchèrent pas à retenir au profit de leur maison ce qui devait rester des biens et propriétés. Ce vandalisme a continué ; on dirait qu'une main s'est étendue partout pour écarter toutes les pièces et correspondances de cette époque et il est temps de reconstituer tous les cahiers et tous les documents relatifs à la Révolution française.

Le Collège de Saintes fut de 1794 à 1797 ce qu'il pouvait être dans l'état de guerre où se trouvait la France. Jusqu'au jour de l'ouverture de l'Ecole centrale, en attendant des temps plus calmes, les jeunes élèves trouvèrent au Collège deux anciens précepteurs MM. Forget et Jobit, qui avaient été autorisés le 2 janvier 1794 à continuer leurs fonctions par le représentant du peuple Lequinio et par le Bureau d'administration.

NOTES DE LA QUATRIÈME PARTIE

RÈGLEMENT

concernant la police et la discipline du Collège Royal de l'annonciation de la Vierge de Saintes

Extrait des Archives Municipales

Ce règlement a été arrêté le 1er août 1767 par le Bureau d'administration du Collège, envoyé à M. le Procureur général du Parlement de Bordeaux pour y être homologué et a été homologué le 13 avril 1768.

Art. 1er. La police générale tant du Collège que de la Pension résidera dans les mains du Principal, pour lequel tous les membres indistinctement auront le respect et la déférence convenable. Réciproquement le Principal aura pour les membres tous les égards que la décence et l'honnêteté exigent.

Art. 2°. Le Principal choisira les serviteurs et domestiques pour le service du Collège et de la pension, traitera avec eux pour leurs gages, et leur assignera leur emploi. Lui seul pourra recevoir et agréer les pensionnaires, traiter avec les parents. Il exigera des personnes qui ne résident pas à Saintes et enverront leurs enfants dans les pensions, qu'elles proposent quelqu'un de confiance dans la ville, avec qui ils puissent correspondre dans tous les cas qui peuvent regarder lesdits pensionnaires. Il donnera une attention particulière à ce que le Sous-Principal ou Préfet, les Professeurs et Régents soient exactement et proprement servis dans tous leurs besoins, et à ce qu'ils aient une nourriture saine et suffisante.

Art. 3°. Le Sous-Principal aura la police générale du Collège et de la Pension, lorsque le Principal s'absentera ; et à son retour, il l'instruira de tout ce qui se sera passé et de ce qu'il aura fait. Il aura également l'inspection et la police des classes, conformément à ce qui est réglé ci-après.

Art. 4°. L'instruction sera gratuite dans le Collège. Le Principal, le Sous-Principal, les Professeurs et Régents ne pourront rien exiger de leurs écoliers.

Art. 5°. Tous lesdits suppôts auront attention de se tenir en habits décents relativement à leur état et à leurs fonctions. Il leur est très étroitement prohibé de recevoir des personnes du sexe dans l'intérieur du Collège, soit dans leurs cours, soit dans leurs chambres, soit dans celles de leurs pensionnaires, excepté pour cause de maladie des dits pensionnaires. Ils pouront seulement les recevoir dans la grande salle de compagnie au premier étage.

Art. 6° Il ne sera permis à aucun d'eux de faire imprimer aucuns ouvrages sous les nom et qualité de membre du Collège, sans avoir obtenu la permission des administrateurs.

Art. 7°. Toutes les classes indistinctement rentreront le trois novembre. Il sera célébré ce jour-là une messe solennelle du Saint-Esprit, précédée du Veni Creator, à laquelle les administrateurs seront invités la veille dans les formes usitées. Après, il sera prononcé un discours en langue latine alternativement par les Régents de quatrième, cinquième et sixième.

Art. 8°. Cette messe qui sera célébrée ainsi que les autres journalières pour les écoliers, seront à la charge du Principal ; et en cas de maladie ou autre empêchement légitime, le Sous-Principal le substituera et à défaut de ce dernier les autres Prêtres du Collège y suppléeront.

Art. 9°. Les écoliers qui voudront suivre les classes ne pourront y entrer sans s'être présentés au Principal et au Sous-Principal. Celui-ci les inscrira dans un catalogue général de tous les écoliers distribués dans chaque classe, lequel catalogue sera par lui déposé dans la Préfecture ; et il en remettra une copie au Bureau d'administration et une autre au Principal.

Art. 10e. Les écoliers qui voudront entrer dans une certaine classe composeront dans la classe inférieure à celle-là et dans la classe pour laquelle ils se présenteront. Les copies de ces deux compositions seront remises au Sous-Principal qui les examinera avec les deux professeurs des deux classes où l'écolier aura composé. Ils décideront conjointement de la classe dans laquelle l'écolier pourra être reçu.

Art. 11e. Les écoliers seront tenus de suivre exactement dans le cours de leurs études, toutes les différentes classes, à moins que le Principal, le Sous-Principal et les régents de la classe dont ils seront sortis et de la classe où ils voudront entrer, après l'examen de la composition qu'ils auront faite, n'y donnent leur consentement, et, en cas de partage, la voix du principal sera prépondérante.

Art. 12e. Les maîtres de pension qui enverront des écoliers au dit Collège, les y feront conduire aux heures de classes par quelqu'un sur qui ils pourront compter; et ils les enverront chercher aux heures que les classes finiront, à peine par les dits maîtres de pension de répondre personnellement de tous événements qui pourraient résulter d'une pareille inattention de leur part.

Art. 13e. Toutes les classes indistinctement entreront à la même heure; le premier coup de cloche, pour le matin, sonnera à sept heures trois quarts, le second à huit, qui sera celui de la messe, où tous les écoliers, sans exception, seront tenus d'assister, ainsi que les professeurs et régents. La sortie des dites classes sera à dix heures et demie.

Art. 14e. Le premier coup de la cloche, pour l'après-midi, sonnera à une heure et demie, le second à une heure trois quarts et le troisième à deux heures; la sortie sonnera à quatre heures.

Art. 15e. Au second coup de cloche, le Sous-Principal se rendra dans la cour ou dans la préfecture, en robe et en bonnet carré, pour veiller sur les écoliers qui se présenteront. Il les fera entrer dans les classes respectives; et au troisième coup de cloche les professeurs et régents en robe et en bonnet carré se rendront dans leurs classes.

Art. 16e. En entrant en classe chaque professeur dira à genoux, avec les écoliers, le *Veni sancte*, ensuite l'oraison *Deus qui corda*; ceux qui arriveront tard diront, en particulier, la même prière à genoux.

Art. 17e. Les professeurs ne souffriront aucun discours ni contre les mœurs, ni contre la religion, ni contre le gouvernement.

Art. 18. Tout écolier qui n'obéira pas au professeur ou régent sera puni des peines qui sont d'usage dans les Collèges. Les professeurs pourront, de leur propre autorité, faire sortir de la classe un écolier indocile et même le renvoyer pour un ou plusieurs jours et, dans ce cas, ils seront tenus d'en prévenir le Sous-Principal.

Art. 19e. Dans le cas où le professeur ne pourra parvenir à corriger un écolier indocile, il en préviendra le Principal et le Sous-Principal afin qu'ils interposent leur autorité. Si leurs représentations sont inutiles, le Principal fera donner avis aux parents ou correspondants de retirer cet écolier ; et, s'ils n'en tiennent compte, le Principal instruira les administrateurs des raisons qu'il a eues de se plaindre et des démarches qu'il aura faites ; et si les administrateurs en connaissance de cause le jugent à propos, le dit sujet sera mis hors du Collège.

Art. 20e. Chaque année, le lendemain des Rois, le professeur de rhétorique prononcera dans l'église du Collège, à trois heures de relevée, un discours latin, auquel les administrateurs seront invités aux formes d'usage.

Art. 21e. Les classes de philosophie fermeront le douze du mois de juillet. La clôture de ces classes sera suivie de deux actes publics : l'un de physique, l'autre de logique, soutenus par ceux des étudiants que les professeurs auront choisis comme les plus capables. Le premier des dicts actes sera dédié alternativement à Mgr l'Evêque et au Président, le second alternativement aux Administrateurs du Collège et aux Mayre et Echevins.

Art. 22e. Sera permis à ceux des étudiants de philosophie qui voudront en faire la dépense, de soutenir des actes particuliers, qu'ils pourront dédier à qui ils jugeront à propos et auxquels seront invités les corps qu'il conviendra suivant la qualité du *Mécène*.

Art. 23e. La rhétorique et les autres classes fermeront le vingt du mois d'août. La clôture sera suivie d'exercices littéraires dans chaque classe, où les écoliers répondront en public pendant trois jours consécutifs sur les auteurs qu'ils auront lus pendant le cours de l'année, savoir : le premier jour les écoliers de sixième et de cinquième, et ainsi de suite. Il ne pourra être représenté ni tragédies, ni pastorales, ni ballets, ni comédies. Le lendemain des exercices littéraires, ou tel autre jour qui sera indiqué, la distribution générale des prix sera faite dans l'église du Collège. Le premier des dits prix sera distribué par M. le Président du Bureau, le second par l'Administrateur qui suivra le Président et les autres par le Principal du Collège. Cette distribution sera précédée d'un discours français qui sera prononcé alternativement par les professeurs de seconde et de troisième en présence de Messieurs les Administrateurs à cet effet invités.

Art. 24e. Dès le commencement du mois d'août, les écoliers composeront dans leurs classes respectives. Dans chaque genre de compositions auquel les prix sont affectés, la matière sera donnée par le principal le jour même qui aura été indiqué. Sur la composition et pendant sa durée les écoliers ne pourront avoir aucune communication en dehors de la classe. Ils prendront leurs mesures d'avance pour leur nourriture; et s'ils étaient obligés de sortir de la classe, le Sous-Principal veillerait à leur conduite.

Art. 25e. Toutes les compositions finies, écrites et signées par chacun des écoliers seront remises dans l'instant à chaque professeur, qui les cachettera lui-même en présence de tous les écoliers avant de sortir de la classe et les remettra au principal. Cette remise faite, le principal prendra jour pour l'examen des compositions. Le jour indiqué, il fera l'ouverture des copies cachetées en présence du Sous-Principal et d'un professeur ou régent autre que celui de la classe dont s'agira, savoir celui de rhétorique en seconde, celui de seconde en rhétorique et ainsi de suite, et ils décideront entre eux du mérite des compositions. Les noms des écoliers à qui les prix auront été adjugés seront inscrits sur une liste signée des Principal, Sous-Principal, professeur et régents, laquelle sera imprimée dans un programme contenant les noms et surnoms des dits écoliers, ensemble les noms des livres et auteurs que les dits Principal, Sous-Principal, professeurs ou régents proposeront de faire apprendre et expliquer à leurs écoliers dans le cours de l'année suivante; lequel programme sera rendu public aux écoliers le jour de la distribution des prix et dont un exemplaire sera remis au Bureau d'Administration.

Art. 26e. Immédiatement après la clôture des classes et la distribution des prix, le Principal, le Sous-Principal et le professeur ou régent de la classe dont s'agira, s'assembleront pour procéder à l'examen des écoliers qui devront monter dans une classe supérieure ou rester dans celle qu'ils auront suivie dans le cours de l'année. Cet examen fini, il sera fait une liste des uns et des autres, classe par classe, dont le Sous-Principal fera la proclamation dans une assemblée générale des écoliers tenue à cet effet dans l'église du Collège. Cette proclamation sera précédée d'un discours qui sera prononcé par le Sous-Principal sur l'emploi du temps pendant les vacances.

Art. 27e. Les Principal, Sous-Principal, professeurs ou régents ne pourront s'absenter pendant le cours de l'année littéraire sans avoir obtenu l'agrément du Bureau. Il n'y aura de congés ordinaires que ceux dont le tableau sera remis par le Bureau pour être affiché dans la Préfecture.

Art. 28e. Les portes tant du Collège que de la pension seront fermées depuis l'ouverture des classes jusqu'aux Cendres, à cinq heures du soir et ne pourront être ouvertes après neuf heures; et depuis le jour des Cendres jusqu'à la clôture, elles seront fermées à huit heures du soir et ne pourront être ouvertes après dix heures. Le Principal sera très attentif à se faire remettre les clefs après les heures ci-dessus.

Art. 29°. Tous les écoliers tant pensionnaires qu'externes seront tenus de se rendre tous les Dimanches et Fêtes au Collège, pour y assister à la messe, aux vêpres et aux autres exercices de la religion ; les professeurs et régents seront tenus de faire tous les samedis soirs, chacun dans leurs classes, une instruction sur le catéchisme.

Art. 30°. Le Principal aura attention de faire confesser les écoliers au moins une fois chaque mois, et, afin qu'on puisse compter sur leur exactitude, ils donneront à leurs confesseurs le billet de confession pour être remis au Sous-Principal, qui en fera la distribution aux professeurs et régents de chaque classe.

Art. 31°. On donnera chaque année aux écoliers une retraite dont le temps et l'ordre seront fixés par le Principal. Le Sous-Principal, les professeurs et régents y assisteront.

Art. 32°. Le jour de la fête de l'Annonciation de la Vierge, il y aura grande messe dans l'église du Collège et après-midi vêpres et sermon que le Principal se chargera de prononcer ou de faire prononcer par tel prêtre ou religieux qu'il jugera à propos.

RÈGLEMENT

DU

CONCOURS D'ADMISSION AUX BOURSES DU COLLÈGE DE SAINTES

Arrêté par le Bureau d'Administration le 25 octobre 1788

Art. 1er. Le concours sera fixé, pour cette année, le lundi 17 novembre prochain et pour les autres suivantes à chaque époque du 3 du même novembre, jour de la rentrée des classes. Il n'aura lieu que pour les enfants nés dans ce diocèse, capables au moins de sixième et nul n'y sera admis au-delà de treize ans révolus.

Art. 2°. Tout enfant qui désirera concourir présentera à M. le Principal pour être remis au Bureau d'administration : 1° Un extrait de baptême pour constater le diocèse, l'âge et le lieu de la naissance ; 2° Un certificat de pauvreté signé du curé de la paroisse, du juge et du procureur d'office ; 3° Une attestation de vie et de mœurs signée du curé et du maître ou professeur qui aurait enseigné l'enfant.

Art. 3°. Un enfant muni de toutes ces pièces sera admis au concours, qui consistera dans deux compositions, l'une en thème, l'autre en version, relatives à la classe de sixième et dans un examen sur les principes de la langue latine. Les compositions se feront selon l'ordre et la manière présentés par les articles 24 et 25 du règlement du Collège pour les compositions de prix, excepté que l'examen des copies se fera incontinent après chaque composition.

Art. 4°. Les compositions corrigées seront remises à M. le Principal pour être portées au Bureau d'administration qui sera convoqué le lendemain; ensemble les extraits de baptême, les attestations et les noms cachetés des concurrents, dont l'ouverture ne se fera qu'en présence de Messieurs les Administrateurs; et celui dont les compositions l'emporteront sans concurrence sur celles des autres sera, dès ce moment, pourvu de la place franche; et cependant Messieurs les Administrateurs feront écrire sur le registre du Bureau les noms des trois autres dont les compositions auront approché de la première chacun selon le rang et le mérite de sa composition.

Art. 5°. Si le pourvu de la place franche venait à se déplacer dans le courant de l'année, ou à être renvoyé pour cause d'indocilité, de mauvaises mœurs ou défaut de conduite et d'application, la place serait donnée de droit à celui dont la composition aura le plus approché de la sienne; mais dans le cas où la même ne vaquerait qu'après l'année révolue, elle sera soumise à un nouveau concours.

Art. 6°. Lorsque dans la même année, il se trouvera deux places ou plusieurs autres vacantes dans le même temps, le même concours suffira pour les faire obtenir et les places vacantes seront données aux concurrents selon le mérite de leurs compositions, si Messieurs les administrateurs les jugent suffisamment bonnes pour les obtenir. Mais comme il pourrait arriver que parmi les concurrents il ne se trouvât pas un nombre de bonnes copies proportionné au nombre des places vacantes, les places que Messieurs les administrateurs n'auront pas cru devoir adjuger à cause de la faiblesse des concurrents seront proposées à un autre concours qui s'ouvrira alors pour la classe de cinquième ou de quatrième et dont les conditions seront les mêmes, excepté que les enfants pourront y être admis jusqu'à l'âge de quatorze ans.

Art. 7°. L'examen de vive voix n'aura lieu qu'autant qu'il y aura égalité dans les composition des concurrents. Dans le cas où plusieurs se trouveraient égaux dans leurs compositions, ou bien l'un supérieur dans le thème et l'autre dans la version, l'examen décidera auquel des deux on devra donner la préférence.

Art. 8°. Et comme dans cet établissement, Messieurs les administrateurs ont surtout en vue de faciliter l'éducation des enfants pauvres qui se trouvent dans les paroisses dont le Collège retire des revenus, leur intention est que, dans le cas même où un enfant né dans l'une de ces paroisses se trouverait dans ces compositions supérieur dans une faculté et inférieur dans l'autre, il fût préféré à son concurrent sans aucun examen. Dans le cas aussi où sa composition quoique inférieure dans les deux facultés mériterait la seconde place parmi les quatre premières, l'examen aura lieu entre lui et son concurrent à qui il sera préféré, s'il répond aussi bien que lui.

CARNET contenant les produits des fermes, rentes et revenus du Collège, à l'usage de Petit, notaire royal, Secrétaire et Receveur du dit Collège, nommé par délibération du Bureau à la place de M. Maillet, lequel n'a commencé de faire recette des revenus de 1789 que le 16 juin de la dite année.

REVENUS	livres	CHARGES	livres
La Tenaille et St-Genis . .	6600	Portion congrue du desservant	750
		Aumône	173
St-Mesme.	3150	Portion congrue du curé.	500
		Rente 103 l. Aumône 128 l.	231
Rançon (outre 32 boisseaux de blé), espèces. . . .	600	Les 32 boisseaux à payer au curé.	
St-Laurent de la Prée . .	2500	Portion congrue du curé .	700
		Pension du vicaire 350 l. Aumône 115 l.	465
Brie.	1600	Portion congrue du curé .	700
		Aumône	115
Sansay.	3100	Portion congrue du curé .	700
		Aumône	170
Saunac.	3300	Portion congrue du curé .	650
		Aumône	173
Balan	1750	Portion congrue du curé .	700
		Aumône	115
Macqueville	2800	Portion congrue du curé .	700
		Aumône	230
Deuil	10500	Portion congrue du curé .	700
		Aumône	294
Marais gâts de la petite Tenaille.	450	Redevance au prieuré de St-Eutrope.	103
Ste-Marie affermée par bail.	370	Redevance à l'abbaye de St-Cyprien de Poitiers, pour le prieuré de Deuil.	278
Pré de la prairie basse . .	450		
Jardin du faubourg . . .	380		
Rente sur le clergé général.	500		
Rente sur le clergé du diocèse.	100		
Rente sur l'Hôtel-de-Ville de Paris	496		
Métairie des Gonds . . .	1600		
TOTAL. . . .	39946	TOTAL. . . .	8147

Les entretiens et les réparations des propriétés sont à la charge du Collège.

MODIFICATIONS DANS LE PERSONNEL DE 1766 A 1797

FONCTIONS	1766	1770	1778	1786 & 1787	1788	14 MARS 1791	4 AVRIL 1792	1793	1794 A 1797
Principal.	Hardy	Id.	Id.	Id.	De Rupt	Dalidet 9 mai Jupin	Bourignon	Forget	Forget
Sous-Principal.	Marchal	Id.	De Rupt	Id.	Sabouraud	Jupin 9 mai Forget	fonction sup. 30 juin 1791	»	Jobit
Philosophie 1re chaire	Bonnerot	Id.	Id.	Bernardeau	Bonnerot	Létourneau	Forget	»	»
Philosophie 2e chaire.	Tessier	Sabouraud	Id.	Id.	Id.	Tessandier	Duchaine	Forget	»
Rhétorique.	De Rupt	Id.	d'Ennequin	Coutelier	Id.	Bourignon	Bourignon	»	»
Seconde,	Delacouture	Id.	Id.	Id.	Id.	Forget	Gaudin	Id.	»
Troisième.	Tourneur	Id.	Id.	Id.	Jupin	Jobit	Jobit	Jobit	»
Quatrième.	Péronneau	Id.	Id.	Id.	Favreau ?	Guérin	Martineau	»	»
Cinquième.	Vinaud	Id.	Id.	Id.	Tessandier en 1787	Duleu	Collet	Arnoul	»
Sixième.	Croizet	Duret	Id.	Forget	Id.	Phelippot	Id.	Id.	»

1° MM. Tessier et Croizet furent peu de temps après remplacés par MM. Sabouraud et Duret.

2° M. Marchal fut nommé curé de St-Pierre de Saintes en 1778 et chanoine en 1784. *

3° M. Bonnerot fut appelé en 1786 à la cure de St-Maur de Saintes et voulut bien se charger de la classe de philosophie après le départ de M. Bernardeau appelé à une chaire à Poitiers et en attendant le nouveau titulaire.

4° M. d'Ennequin donne sa démission le 12 septembre 1786.

5° MM. Tourneur et Vinand sont admis à la retraite en 1787. M. Vinand était né à Fontcouverte, le 13 mars 1745, de Pierre Vinand, laboureur à bœufs et de Jeanne Guillaud, il fut baptisé par Etienne Garos, curé de Fontcouverte.

6° M. Duret est nommé à la cure de Condéon le 20 novembre 1787.

7° M. Sabouraud demande à faire valoir ses droits à la retraite le 16 janvier 1791.

8° M. Dallidet, nommé Principal du Collège le 14 mars 1791, est chargé le 9 mai 1791 de la direction du séminaire.

9° MM. Guérin et Dulau ont abandonné leur poste le 24 août 1791.

10° MM. Létourneau et Tessandier ont donné leur démission en novembre 1791.

11° M. Jupin, Principal depuis le 9 mai 1791, est nommé le 4 avril 1792 à la cure de St-Jean-d'Angély.

12° M. Bourignon est décédé au mois d'août 1793.

13° MM. Gaudin et Phelippot sont partis.

14° MM. Martineau et Arnoul ne sont plus au Collège en 1794.

M. l'abbé Briand dans le 3e volume *de l'Eglise Santone, page 35*, a rappelé les deux lettres écrites par Monseigneur l'Evêque de La Rochefoucauld à l'abbé de Rupt.

3 janvier 1791. — « Je sens, Monsieur, combien votre position « est cruelle et votre perspective affligeante. C'est précisément « parce qu'elle se présente à moi dans toute son horreur, que « j'admire davantage votre fermeté et votre courage.....

« Je désire bien que MM. les professeurs imitent votre exemple « et confirment leur conduite à *ce que vous me nommez* dans votre « lettre. S'ils aiment leurs devoirs et qu'ils aient conservé l'esprit « ecclésiastique, ils ne peuvent se conduire autrement..... »

8 février 1791. — « Vous ne pouvez pas douter, Monsieur, du « plaisir que j'ai eu en apprenant que presque tous les membres « du Collège s'étaient refusés à prêter le serment. Je suis vivement « peiné qu'il y en ait un qui, quoique jeune encore, se soit « persuadé qu'il était plus éclairé que les Evêques de France .... « Plusieurs personnes m'avaient déjà parlé de l'ouvrage de M. « Létourneau. Je ne crois pas, d'après l'extrait que vous m'en « donnez, qu'il fasse beaucoup de prosélytes..... »

* M. Audiat a rappelé dans l'ouvrage « Saint-Pierre de Saintes » ce que devinrent quelques-uns de ces premiers professeurs.

EXTRAIT du registre des délibérations du Bureau du Collège de Saintes, du 1er août 1786 au 15 décembre 1793. — (Le Registre se trouve aux archives de la Charente-Inférieure. D. 6. Travée 27, à la Préfecture de la Rochelle.

1er août 1786. — Adjudication des fermes.

18 août. — Vente des arbres de La Tonaille; réparations; gratification pour des exercices de physique.

22 août. -- Administration des biens; perception des revenus; gratifications accordées aux professeurs excepté à celui de Rhétorique.

12 septembre. — Démission de M. d'Ennequin, professeur de Rhétorique.

3 novembre. — M. Duret, Régent de sixième, est nommé à la cure de Condéom. M. Coutelier, prêtre du diocèse de Carpentras, est désigné pour remplacer M. d'Ennequin en Rhétorique.

20 novembre. -- M. l'abbé Forget, clerc tonsuré, est nommé en sixième.

5 mars 1787. — M. l'abbé Bernardeau, professeur de philosophie du Collège de Saintes, est appelé à l'Université de Poitiers. M. Bonnerot, ancien professeur de philosophie du Collège, actuellement curé de St-Maur, offre de continuer l'enseignement de la philosophie pendant la présente année scolaire.

17 mars. — M. l'abbé Vinand, professeur d'humanités, demande, pour raisons de santé, sa mise à la retraite. Le Bureau ajoute une gratification de 200 livres à la pension de droit qui est de 400 livres.

Rappel des lettres patentes du Roy datées de Compiègne 24 août 1766.

31 août. — M. Létourneau est appelé à la chaire de philosophie. M. Tessandier est nommé en remplacement de M. Vinand. M. Tourneur, professeur, est mis à la retraite avec une pension de 400 livres.

8 janvier 1788. — Gratification de 400 livres accordée au fils de la dame Vve Vigier, étudiant de la classe de quatrième.

13 mai. — Démission de M. Hardy, Principal du Collège, pour raisons de santé après 22 années de services.

11 juin. — Mgr de La Rochefoucauld, Président du Bureau d'administration, tient à constater que, sous la direction de M. Hardy, le Collège de Saintes a acquis une grande célébrité; que de plus, par une administration sage et ferme, M. Hardy a pu réédifier tous les bâtiments du Collège, lui donner *par la grandeur et la noblesse de ses constructions un air aussi imposant que le nom de Collège Royal qu'il a l'honneur de porter*, que M. Hardy a pu économiser un capital de 15,000 livres placées sur le clergé......

Une pension exceptionnelle de 800 livres est donnée à M. Hardy.

M. de Rupt, prêtre, actuellement Sous-Principal du Collège de Saintes, est nommé Principal et entrera en fonctions à la fin de l'année classique.

16 juillet. — M. de Rupt accepte le principalat. M. Sabouraud, professeur de philosophie, est nommé Sous-Principal, sur la présentation de M. de Rupt.

12 août. — M. Mathieu, prêtre du diocèse du Puy, est désigné pour remplacer M. Sabouraud.

Le Bureau décide que les places de boursiers ne seront dorénavant accordées qu'au concours.

22 août. — Distribution des prix ; adieux faits à M. Hardy par le Président Lieutenant Général Leberthon.

4 octobre. — MM. Garnier et Tarnier, prêtres du diocèse de Paris, se présentent pour la chaire de philosophie en place de M. Mathieu, qui n'a pas accepté.

25 octobre. — Les six bourses ou places franches seront données au concours ; le Bureau d'administration établit les conditions du concours.

18 novembre. — Quatre élèves se sont présentés pour les deux places vacantes ; sont admis les jeunes Delachasse de l'Isle d'Oleron et Châteauneuf de Saint-Thomas de Conac.

7 avril 1789. — Le sieur Maillet, économe et administrateur des biens du Collège depuis 1762, demande à se retirer ; une pension de 600 livres lui est accordée. M. Petit, notaire royal, est choisi pour le remplacer avec le titre de secrétaire du Bureau et Receveur des revenus du Collège.

9 juin. — Vu l'accroissement du pensionnat et la situation faite par la disette générale du blé..., le Bureau décide qu'un four sera construit au Collège dans l'écurie qui dépend de la maison.

22 août. — Distribution des prix et exercices de rhétorique.

3 novembre. — Rentrée des classes ; deux bourses sont vacantes par le départ des élèves Carré et Fradet, le premier ayant terminé ses études, le second étant incapable de suivre les cours avec fruit.

Le procès-verbal porte la signature de Garnier, maire. Mgr De La Rochefoucauld est toujours suppléé par l'abbé de Luchet, vicaire général. M. Gaudriaud n'est plus du Bureau. Restent MM. Leberthon, Barbot, Faure, Gallocheau, de Beaune, de Rupt.

16 novembre. — Concours pour les bourses ; deux places vacantes ; sept candidats inscrits. Les élèves Bouchet, Moulineau et Maillet ne prirent pas part au concours comme ayant plus de treize ans ; furent admis Raoul et Leblanc ; les deux autres candidats étaient Courchant et Boissière.

2 janvier 1790. — Conformément aux lettres patentes du Roi, sur décret de l'Assemblée nationale en date du 18 novembre 1789, un inventaire général des biens et revenus sera dressé et communiqué.

MM. Barbot et de Rupt sont désignés par le Bureau d'administration à cet effet.

30 janvier. — Achat d'une voiture pour le Collège.

La métairie des Gonds est réservée pour les maîtres et élèves du Collège ; les jours de sortie et de promenade, les élèves s'y rendront ; le bail est renouvelé pour 9 ans moyennant 1000 livres par an.

22 février. — Distribution des jetons de présence.

16 mars. — A cause de la dureté des temps et de la cherté des grains, 1500 livres seront distribuées aux pauvres.

MM Garnier et de Fourémis sont choisis par la Municipalité pour faire partie du Bureau d'administration.

10 avril. — Troubles au Collège, renvoi des élèves Loustalot, Chauvin et Duchêne.

M. Robert de Rochecouste, maire de Saintes, est nommé membre du Bureau d'administration en remplacement de M. Garnier.

Me Guénon, avocat du Collège, est décédé et est remplacé par Me Fourestier, avocat.

Le départ de l'élève Crocherit laisse une place vacante parmi les boursiers; se présentent comme candidats Crespin, Chateauneuf, Alexandre de Crugy, Albert de Courchant, Louis Marconac, Martin de St-Thomas-de-Cosnac; l'élève de Courchant est admis.

3 novembre. — Rappel à M. le Principal et à MM. les Régents du règlement de police du Collège du 1er avril 1767, homologué par arrêt de la Cour du 13 avril 1768.

11 novembre. — Réclamation de M. Hardy, ancien principal.

20 novembre. — M. Gout remplace M. Fonrémis au Bureau d'administration. Le matériel du Collège avait été acquis par M. Hardy : M. de Rupt, le nouveau Principal ne peut pas payer

3 décembre. — Inventaire et évaluation des meubles du Collège. Valeur estimée à 7070 livres 10 sols; 2000 livres sont payées comptant à M. Hardy et pour le reste 300 livres de rente viagère lui sont accordées. M. de Rupt se servira des meubles et payera chaque année 353 livres.

On peut déduire du nombre total des lits (80) le nombre maximum des pensionnaires.

16 janvier 1791. — Suppression des dixmes. — Indemnité aux fermiers. — Aucune indemnité ne sera accordée à MM. les curés congruistes.

M. Sabouraud, Sous-Principal, demande à se retirer (vu l'incertitude des temps) : le 23 janvier 400 livres lui sont accordées.

7 février. — Transport du Bureau au Département ; — nouvelle organisation ; —

La Municipalité choisit les administrateurs.

13 février. — Examen des comptes. Rapport de M. Petit. Recettes 68349 livres 8 sols 10 deniers. Dépenses 50016 livres 12 sols 1 denier. Reste à recouvrer 40560 livres 3 sols 6 deniers.

15 février. — La nouvelle administration est installée. Messieurs de Rochecouste, maire ; Gout, officier municipal ; Boisnard, procureur de la Commune ; Bernard, Président du Tribunal du Syndic ; Lafay aîné ; Delange ; Landreau ; Héard, accusateur public, tous nommés par le Conseil général de la commune.

M. Petit est nommé secrétaire et administrateur.

Tous prêtent le serment d'être fidèles à la nation, à la loi et au Roi et de maintenir la constitution votée par l'Assemblée nationale.

Plusieurs professeurs et fonctionnaires ont négligé de prêter le serment décrété par l'assemblée nationale le 27 novembre 1790 et sanctionné par le Roi le 26 décembre.

2 mars. — Le Directoire du Département demande l'avis de la municipalité pour le choix à faire des professeurs qui doivent remplacer ceux qui ont refusé le serment.

14 mars. — Messieurs du Bureau d'administration, de la Municipalité et du Conseil de la Commune ont procédé à la nomination des fonctionnaires et Régents du Collège. Sont nommés : M. Dalidet, Principal ; M. Jupin, Sous Principal ; M. Létourneau, 1er professeur de philosophie ; M. Tessandier, 2e professeur de philosophie ; M. Bourignon, en rhétorique ; M. Forget, en seconde ; M. Jobit, en troisième ; M. Guérin, en quatrième ; M. Dulau, en cinquième ; M. Phelipot en sixième.

16 mars. — Installation des nouveaux professeurs.

21 mars. — M. Jupin est invité à amener au Collège les pensionnaires qu'il tient dans sa maison.

6 avril. — M. Héard est nommé Syndic de l'administration du Collège.

10 avril. — Changement de l'inscription en « Collegium nationale ».

9 mai. — Pouvoir donné au Syndic de reconstituer les titres du Collège.

M. Dalidet, nommé Supérieur du Séminaire, donne sa démission.

M. Jupin est nommé Principal ; M. Forget, Sous-Principal.

M. Guérin de Montendre est désigné pour la chaire de seconde.

14 mai. — Réclamation de M. Tourneur, ancien professeur au sujet de sa pension.

La suppression des dîmes a diminué les revenus du Collège.

29 mai. — Contestations entre le Bureau et MM. de Rupt et Sabouraud au sujet de la ferme des Gonds. Expertise.

20 juin — Lettre du 17 juin par laquelle M. de Rupt qui s'est retiré au Douhet, donne pleins pouvoirs à M. Sabouraud qui paraît être son ancien associé et pour le pensionnat et pour l'exploitation de la ferme des Gonds.

Un arrangement est fait moyennant une somme de 3145 livres payée à MM. de Rupt et Sabouraud.

Différents membres du Bureau sont désignés pour se transporter aux différentes propriétés du Collège ; ils examineront la situation faite par les nouveaux décrets relatifs à la suppression des dîmes et des corvées.

La Tenaille ne trouve bailleur qu'au prix de 3500 livres.

Des experts sont nommés pour faire la réduction des baux des propriétés de Deuil, Rançon, Macqueville et St-Même.

Il n'y aura plus de Sous-Principal au Collège. M. Jupin restera seul chargé de la direction des études et de la discipline.

28 juin. — Les droits supprimés (dîmes et agrière) sur Deuil et annexes sont évalués à 6500 livres.

1er août. — Programme pour la distribution des prix.

24 août. — M Martineau est nommé en 4e et M. Collet en 5e en remplacement de MM. Guérin et Dulau qui ont abandonné leur poste.

25 octobre. — Réparations au Collège ; M. Gout est nommé Vice-Président du Bureau en remplacement de M. Bernard.

3 novembre. — Démission de M. Létourneau, professeur de philosophie.

MM les professeurs Texandier et Jobit ne se sont pas présentés le jour de la rentrée des classes.

18 novembre. — M. Sébastien Duchaîne est nommé professeur de philosophie (logique) en remplacement de M. Létourneau.

30 décembre. — Lettre de M. Bourignon François qui s'est marié et qui demande à loger au Collège. Cette autorisation a été déjà accordée à M. Jupin.

Il est question dans cette lettre du célibat et de ses inconvénients.

4 avril 1792. — Démission de M. Forget. Démission de M.

Jupin, Principal, qui accepte la cure de St-Jean-d'Angély. M. Bourignon est choisi par le Bureau comme Principal

4 aout. — Plusieurs professeurs du Collège, vu le décret de l'Assemblée nationale et la proclamation du Roi qui déclare la patrie en danger, offrent de partir pour la frontière; ils demandent la conservation de leurs places et de leurs traitements jusqu'à leur retour.

12 janvier 1793. — M. Bourignon, Principal, est chargé, en outre de la rhétorique.

8 mars. — Les citoyens Duchaine, professeur de philosophie et Collet, professeur de cinquième, partis pour l'armée, seront suppléés le premier par M. Forget, le second par M. Arnoul, prêtre, qui acceptent.

10 mars. — Le petit Séminaire est annexé au Collège.

17 mai. — M. Gaudin, nommé professeur de seconde, fait une réclamation au sujet de son traitement.

12 juillet. — La citoyenne Marguerite Duchaine, veuve de Claude Antoine Gout, paye en assignats la somme de six mille livres, prêtée le 25 juillet 1701 à M. Gout.

22 juillet. — Note pour la distribution des prix : 22 volumes ont coûté 66 livres.

6 août. — Augmentation du traitement du Principal et des professeurs ; pour le Principal chargé de la Rhétorique 1500 livres ; pour les professeurs 1000 livres.

21 août. — M. Forget est nommé en remplacement de M. Bourignon, décédé.

21 octobre. — Visite des archives par le citoyen Leuzon, employé au Directoire ; triage de tous les titres féodaux ; décret du 17 juillet 1793.

22 novembre, 2 frimaire de l'an II. — Le citoyen Leuzon a fait brûler sur la place publique le 10 brumaire de l'an II tous les papiers et titres de féodalité qu'il a trouvés et découverts après la plus exacte recherche, parmi les archives du Bureau du Collège ; les administrateurs donnent décharge à Leuzon.

2 janvier 1794, 12 nivôse an II. — Communication de l'arrêté du citoyen Lequinio, Représentant du peuple : « aucun ministre ou » cy devant ministre du culte ne pourra remplir aucune fonction » publique sans l'autorisation des Représentants du peuple. »

Les citoyens Forget, Principal du Collège et Jobit, professeurs, seuls trouvés dans le Collège, ont été invités à se conformer à la loi.

14 janvier 1794. 24 nivôse. — Les citoyens Forget et Jobit sont autorisés à continuer leurs fonctions par le représentant Lequinio et par le Bureau d'administration.

3 avril, 13 germinal. — Vérification des comptes du trésorier comptable, citoyen Petit, notaire.

HISTOIRE

DU

COLLÈGE DE SAINTES

(Charente-Inférieure)

PAR

F. XAMBEU

(2me FASCICULE)

SAINTES

A. TREPREAU, libraire, éditeur, Grande-Rue, 51

1886

CINQUIÈME PARTIE

L'ÉCOLE CENTRALE

De 1797 à 1803

Le Collège national s'était maintenu sans interruption jusqu'au moment où la loi du 3 Brumaire an 4 avait été appliquée ; nous n'avons ici qu'à relater les faits accomplis.

L'Ecole Centrale de Saintes fut ouverte le 30 frimaire an 6 (21 décembre 1797) et installée dans les bâtiments du Collège.

Une commission spéciale dont firent successivement partie Briault, Lemercier, Savary, Despéroux, de l'arrondissement de Saintes ; Throuard et Chassiron, de l'arrondissement de La Rochelle ; Duret, de l'arrondissement de Saint-Jean-d'Angély ; Romme, de l'arrondissement de Rochefort avaient préparé, conformément à la loi, l'organisation de l'Ecole et choisi les professeurs.

Les décisions de cette Commission furent acceptées par l'administration centrale du département de la Charente-Inférieure et le 25 frimaire an 6, les cours de l'Ecole furent établis de la manière suivante :

Première section	Langues anciennes, professeur	M. Jupin.
	Dessin	M. Delusse.
	Histoire naturelle	M. Villebrune.
Deuxième section	Mathématiques	M. Lesueur.
	Physique et Chimie	M. Meaume.
Troisième section	Histoire	M. Jacquin.
	Grammaire générale	M. Vanderquand
	Belles lettres	M. Forget.
	Législation	M. Métivier.
	Bibliothécaire	M. Muraire.

Un jardin botanique et une pépinière étaient placés sous la direction du professeur d'histoire naturelle ; Gilbert était jardinier botaniste ; Simonneau était jardinier de la pépinière ; Doussin fut employé auxiliaire à la bibliothèque.

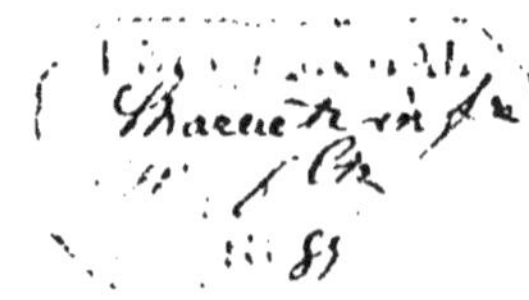

Tous les professeurs recevaient un traitement de deux mille francs ; MM. Jupin et Métivier, qui n'étaient pas logés à l'Ecole, touchaient une indemnité supplémentaire.

Le personnel resta le même jusqu'à l'an 12 ; M. Villebrune quitta Saintes pour aller à Angoulême en l'an 9 et fut remplacé par M. Delavaud ; le professeur de législation M. Métivier cessa ses fonctions le 17 pluviose an 12 et n'eut pas de successeur.

Tous ces professeurs savants et dévoués firent le succès de l'Ecole de Saintes.

Il a été de bon ton de critiquer les Ecoles centrales et en général ceux-là qui les critiquent estiment encore qu'aucun bien n'est venu de la Révolution française ; si dans certaines écoles la passion politique avait amené des choix malheureux pour les maîtres, si dans ces mêmes Ecoles l'exagération révolutionnaire avait préparé un enseignement qui n'attira pas toujours la confiance des parents, il faut avouer qu'à Saintes l'estime publique entoura tous les professeurs.

Le mode d'éducation qui était donné dans ces Ecoles a pu paraître trop encyclopédique, mais il ne faut pas oublier que c'est d'elles que sont sortis un grand nombre de ceux qui ont joué un rôle important dans chaque département depuis 1815 jusqu'à 1830 et même jusqu'à 1840. Cette période n'a pas été la moins brillante de notre siècle et l'on doit reconnaître qu'au point de vue scientifique, elle a été de beaucoup supérieure aux précédentes. Il est temps de revenir sur des opinions imposées depuis plus de 50 ans et de démontrer ce que fut dans chaque département le vandalisme révolutionnaire.

Les annuaires de la Charente-Inférieure pour les ans 7, 8, 9, 10, 11, 12 contiennent des articles intéressants sur l'Ecole, sur les exercices publics qui avaient lieu à la fin de l'année scolaire, sur la distribution des récompenses.

L'Ecole ne reçut d'abord que des externes ; le pensionnat ne fut organisé que le 9 vendemiaire an 9.

Le nombre des élèves varia de cent à cent quarante.

Les méthodes d'enseignement sont exposées dans les notes qui suivent ; le ton des programmes peut paraître ambitieux et solennel ; les leçons semblent préparées plutôt pour un enseignement supérieur que pour un enseignement secondaire ; il est incontestable qu'avec de tels maîtres et de telles leçons, les élèves intelligents et bien préparés devaient faire à Saintes de rapides progrès.

La question sur les meilleures méthodes d'enseignement est posée depuis longtemps ; la querelle des anciens et des modernes « la question du latin » sera encore le sujet des discussions pédagogiques; les réformes lentes peuvent seules réussir à la condition que ceux qui les proposent sachent dans une juste mesure tenir compte des tendances de l'époque et des besoins de la Société.

Aux leçons faites à l'Ecole centrale de Saintes s'ajoutaient les instructions et les discours du décadi et des fêtes nationales.

La République française avait ordonné la célébration des quatre anniversaires : 14 juillet 1789 (prise de la Bastille) ; 10 août 1792 (Royauté abolie) ; 21 janvier 1793 (exécution du roi Louis XVI) ; 31 mai 1793 (la convention) et pour les jours du décadi les fêtes suivantes :

1. à l'Être suprême et à la nature. — 2. au genre humain. — 3. au peuple français. — 4. aux bienfaiteurs de l'humanité. — 5. aux martyrs de la liberté. — 6. à la liberté et à l'égalité. — 7. à la République. — 8. à la liberté du monde. — 9. à l'amour de la Patrie. — 10. à la haine des Tyrans et des traîtres. — 11. à la vérité. — 12. à la justice. — 13. à la pudeur. — 14. à la gloire et à l'immortalité. — 15. à l'amitié. — 16. à la frugalité. — 17. au courage. — 18. à la bonne foi. — 19. à l'héroïsme. — 20. au désintéressement. — 21. au stoïcisme. — 22. à l'amour. — 23. à la foi conjugale. — 24. à l'amour paternel. — 25. à la tendresse maternelle. — 26. à la piété filiale. — 27. à l'enfance. — 28. à la jeunesse. — 29. à l'âge viril. — 30. à la vieillesse. — 31. au malheur. — 32. à l'agriculture. — 33. à l'industrie. — 34. à nos aïeux. — 35. à la postérité. — 36. au bonheur.

Le Temple décadaire était l'ancien Jeu de Paume, la chapelle du Collège actuel ; le public était admis à ces instructions.

Les professeurs de l'Ecole centrale venaient successivement développer chacun de ces thèmes ; des hommes comme MM. Forget, Jacquin, Jupin, Vanderquand, Métivier étaient depuis longtemps préparés à de telles dissertations ; nous aurions voulu retrouver toutes celles qui furent prononcées à Saintes ; la bibliothèque actuelle ne possède que les discours de M. Meaume sur l'agriculture (bonheur des champs), sur la superstition, sur la morale.

La loi du 1er mai 1802 avait supprimé les Ecoles centrales ; les professeurs continuèrent cependant leurs leçons jusqu'à la fin de l'année scolaire, jusqu'au moment où la nouvelle Ecole secondaire communale fut organisée.

M. Lesueur, professeur de mathématiques, fut le seul qui resta quelque temps au nouvel établissement, car, dès le 25 juillet 1805, il était appelé au port de Rochefort comme professeur de navigation.

M. Delusse avait été nommé directeur de l'Ecole municipale de dessin d'Angers et conservateur du Musée de cette ville.

M. Meaume était désigné pour le Lycée de Rouen, comme professeur de mathématiques, et devenait plus tard inspecteur d'académie à Amiens.

M. Forget se retirait à Bordeaux ; M. Vanderquand dans sa propriété des Gonds.

Dans sa notice historique sur le Collége de Saintes, M. Moufflet donne sur M. Villebrune l'extrait suivant des Biographies :

« Villebrune (J.-B. Lefebvre de) a été l'un des hommes les plus » savants de son temps, quoiqu'il soit aujourd'hui peu connu. » Après avoir obtenu le grade de docteur en médecine, il se fixa » à Paris, où il s'attacha surtout à étudier tous les idiomes connus » de l'Europe et de l'Asie. Devenu conservateur de la Bibliothèque » Nationale, puis professeur de littérature grecque au Collège de » France, il fut dépouillé de ces deux places par le Directoire en » 1797, pour avoir écrit, dans une lettre qui fut imprimée, que la » France avait besoin d'un chef. Ce fut à la suite de cette disgrâce » qu'il vint à Saintes occuper la chaire d'histoire naturelle. Après » y avoir enseigné environ quatre ans, il fut nommé à l'Ecole cen» trale d'Angoulême. Il mourut dans cette ville en 1809, âgé de » 77 ans. On a de lui de nombreux ouvrages et traductions d'ou» vrages de médecine ; il avait, en outre, traduit du grec *le Ban-» quet des Savants de l'Athénée*, 5 vol. in 8°, 1789-1791 ; *le Ma-» nuel d'Epictète* et le *Tableau de Cébès*, 1794. »

La Bibliothèque de Saintes possède le Cours de Grammaire générale professé par M. Vanderquand à l'Ecole centrale, an 7 (manuscrit) et les notes et manuscrits suivants de M. Meaume :

n° 24, Cours de Législation ; n° 25, Discours prononcé à la Distribution des Prix ; n° 26, De l'enseignement de la Physique à l'Ecole centrale ; n° 27, Discours sur la superstition ; n° 28, Discours sur le bonheur des champs ; n° 29, Rapport sur un projet d'exercice public à soutenir par les élèves de l'Ecole ; n° 30, Principes de Morale ; n° 31, Géométrie descriptive ; n° 32, Trois séries de sujets de composition pour la classe de Physique, la liste des élèves qui ont suivi le cours et la copie de l'élève qui a obtenu le prix en l'an 8.

Le n° 24 me paraît être le cours de législation professé à l'Ecole centrale de Saintes par M. Métivier, recueilli et annoté par M. Meaume.

Il résulte du n° 32 que le professeur proposait plusieurs questions à une commission, qui choisissait les sujets de composition. MM. Garnier, Lagarosse, Carron, Lamarque firent partie de la commission des sciences pour les ans 9, 10, 11.

Les questions scientifiques traitées en l'an 8 furent :

Physique. — Décrire les expériences par lesquelles on démontre que les attractions et répulsions magnétiques et électriques s'exercent en raison inverse des quarrés des distances ;

Expliquer les attractions et répulsions électriques d'après Franklin et le citoyen Hauy ;

Donner, d'après les mêmes auteurs, la théorie de la bouteille de Leyde.

Cosmographie. — Expliquer les saisons et les zônes terrestres ; définir ce qui distingue les Hétérosciens, les Amphisciens, les Périsciens ; ce qui constitue la sphère droite, oblique, parallèle ; rendre raison de la manière dont les saisons et les jours arrivent pour les antipodes, antétiens, périétiens.

Les mots employés dans cet énoncé sont aujourd'hui abandonnés. Les premiers relatifs à l'ombre portée par un corps indiquent les habitants des zônes équatoriales, tempérées, polaires ; les seconds, relatifs à la position, sont les habitants situés à l'extrémité du même diamètre, sur le même méridien, sur le même parallèle.

Il m'a paru plus intéressant de donner ces énoncés que d'inventorier le mobilier d'une classe, de dessiner le costume des professeurs et des élèves, que de décrire le fouet ou la férule avec lesquels on frappait en 1650 et avant 1789 les écoliers insoumis.

NOTES DE LA CINQUIÈME PARTIE

ARCHIVES DÉPARTEMENTALES

27 Brumaire an 6. — Arrêté du Directoire exécutif contenant des mesures pour faire prospérer l'instruction publique.

Il est dit dans cet arrêté : 1° que les citoyens mariés qui solliciteront une place de quelque nature qu'elle soit, seront tenus, s'ils ont des enfants en âge de fréquenter les écoles nationales, de joindre à leur pétition l'acte de naissance de ces enfants et des certificats des dites écoles ; 2° que les administrations centrales de département adresseront tous les mois au Ministre de l'Intérieur l'état nominatif des élèves qui fréquentent les écoles publiques ; 3° que les citoyens qui prétendraient avoir été dans l'impossibilité de satisfaire aux dispositions précédentes seront tenus d'en justifier la cause.

L'administration centrale du département de la Charente-Inférieure arrête qu'en exécution de l'article 9 de la loi du 12 Vendémaire, l'arrêté du Directoire sera lu et publié dans toutes les communes du département.

Saintes, le 19 frimaire an 6. Signé : Bouisseren, président ; Baudry, Barthélemy, L. Flornoy, Lériget, administrateurs ; Laragosse, commissaire du Directoire ; Roy, secrétaire général.

25 frimaire an 6. — Arrêté de l'Administration centrale du département de la Charente-Inférieure relatif à l'installation des professeurs de l'Ecole centrale.

L'Administration centrale du département de la Charente-Inférieure ·

Vu son arrêté du 11 de ce mois qui approuve les nominations des professeurs de l'Ecole centrale, faites par le jury d'instruction publique et fixe leur installation au Décadi prochain 30 Frimaire ;

Vu l'adresse de l'administration à ses concitoyens du 14 sur le même objet ;

Considérant que l'étude des sciences professées dans l'Ecole centrale est le complément de l'instruction, qu'il importe sous ce rapport de donner à la cérémonie de l'installation des professeurs toute la solennité dont son utilité le rend susceptible, afin d'inspirer à la jeunesse l'amour des beaux-arts que les orages de la Révolution ont trop longtemps fait perdre de vue.

Ouï sur ce le commissaire du Directoire exécutif

Arrête : L'installation des professeurs à l'Ecole centrale sera faite le 30 de ce mois, à trois heures de l'après-midi, dans la ci-devant Eglise du Collège.

Les autorités civiles et militaires sont invitées......

Saintes, le 25 frimaire an 6 de la République française une et indivisible. Signé : Bouisseren, Louis Flornoy, Leriget, Lagarosse, Roy.

13 Nivose an 6. — Arrêté de l'Administration centrale du département de la Charente-Inférieure portant règlement pour l'Ecole centrale.

Conformément à la loi du 3 Brumaire an 4 et aux observations des professeurs de l'Ecole relatives à la distribution et aux heures des leçons.

Il est décidé que : L'année scolaire commencera le 1er brumaire et finira le 30 thermidor.

— Chaque élève donnera une rétribution annuelle de 25 francs qui sera répartie entre tous les professeurs.

-- Le quart des élèves sera reçu aux écoles sans payer la rétribution exigée par l'article précédent, pourvu qu'ils soient munis d'un certificat d'indigence signé de l'administration municipale de leur domicile et visé par l'administration centrale.

— Il y aura un conseil d'administration formé de trois membres, choisis au scrutin parmi les professeurs et le bibliothécaire. Ce Conseil sera renouvelé tous les trois mois, il s'assemblera une fois par décadi et sera chargé des opérations suivantes :

1° des mesures de police intérieure ;

2° de l'administration des élèves à l'école ;

3° de présenter à l'Administration centrale l'état des dépenses intérieures et urgentes ;

4° de l'exclusion momentanée des élèves qui auront commis des fautes graves ;

5° de la tenue des livres nécessaires à enregistrer tout ce qui aura trait à l'établissement ;

6° de rendre compte le 1er de chaque mois à l'Administration centrale du nombre des élèves qui auront assisté aux différents cours.

— Dans le cas où un professeur voudrait s'absenter pour un temps déterminé, il en préviendra l'administration centrale et présentera son remplaçant à l'acceptation du Jury, qui sera confirmé par le département.

Saintes le 13 Nivose an 6. Signé : Bouisseren, président.... Roy, secrétaire.

---

21 *Thermidor an 6.* — *Programme de la distribution des prix, pour le 30 du mois.*

Citoyens. L'Instruction publique échappant enfin aux orages de la révolution, qui, depuis plusieurs années, l'avait mise en oubli dans ce département, vient avec quelque avantage, vous offrir le spectacle intéressant de la distribution des prix.

Vous savez combien cette fête était belle sous le gouvernement des rois ; elle doit l'être encore plus sous le règne de la Liberté et de l'Egalité. Dans l'état de servitude et d'abjection où vous étiez réduits, à quoi pouvaient servir les connaissances et les talents, sans la protection de la cour ou de ses divers ministres ? Là où un seul homme est tout, les autres ne sont rien : devant un monarque la pensée est captive, le mérite personnel est nul, si toutefois il n'est pas un crime. Au contraire, la liberté répand ses faveurs vivifiantes sur les champs du génie ; elle l'encourage dans ses travaux, elle lui permet de tout oser avec l'espoir de tout obtenir, pourvu seulement qu'il ne porte pas atteinte à la Constitution qui garantit ses propres droits.

Des motifs bien plus puissants vous appellent donc aujourd'hui à cette fête. Vous y veniez autrefois pour applaudir aux triomphes littéraires du génie naissant, qui, en grandissant, devait être mutilé par la tyrannie et condamné à ne jamais produire une idée grande et salutaire sur vos plus chers intérêts ; vous y viendrez maintenant pour encourager de jeunes talents, des essais en tout genre de connaissances dont les résultats seront votre bien : ce sont de jeunes plantes que vous arroserez, pour leur faire porter des fruits que vous recueillerez vous-mêmes.

Amis de la patrie, vous le serez aussi des sciences et des arts, parce que c'est par leur étude que les hommes deviennent humains, sages et courageux. Venez donc exciter dans le cœur de leurs élèves, par vos regards et vos applaudissements, cet amour de l'étude, cet instinct de la gloire, qui les portera à mériter un jour votre confiance dans les fonctions publiques.

Cette fête, si intéressante pour la République, ne semble appartenir qu'au chef-lieu du Département ; mais qu'il nous serait doux d'y voir réunis, s'il était possible, tous les pères et mères de famille, enfin les citoyens de tous les cantons !

Programme.......

Discours du président de l'administration centrale (Bouisseren) : (sur l') *Honneur aux sciences et aux arts.*

Discours du président du jury central sur les avantages de l'Instruction publique.

Le secrétaire du Conseil de l'Administration centrale proclamera les noms des lauréats dans l'ordre : 1° Langues anciennes. — 2° Dessin. — 3° Mathématiques. — 4° Physique. — 5° Histoire. — 6° Belles lettres.

Discours du professeur de Belles lettres.

Le cortège composé des magistrats, autorités constituées, fonctionnaires, professeurs et élèves couronnés formera six groupes avec bannières à inscriptions : 1° « *Etudiez les anciens, ils sont les plus près de la nature et leur génie n'est plus à eux* », Rousseau ; 2° « *Appelle, prépare tes pinceaux, pour immortaliser nos guerriers* » ; 3° « *Elles sont le conservatoire des arts* » ; 4° « *Descartes enseigna aux hommes à n'admettre pour vrai que les principes dont ils avaient des idées claires* », Helvétius; 5° « *Pour connaître les hommes, il faut les voir agir* », Rousseau ; 6° « *L'éloquence est plus puissante que les armes* ». Les 4 autres bannières porteront les inscriptions : 1° Jeunes citoyens, la Patrie applaudit à vos succès et sourit à la joie de vos parents ; 2° L'ignorance est le plus grand des malheurs pour les gouvernements, aussi bien que pour les peuples ; 3° Les arts nourrissent l'homme et le consolent ; 4° Laissez dire les sots, le savoir a son prix.

Le cortège suivra à gauche la rue de Varennes, la place de la Liberté, fera halte à la Colonne, suivra le quai, la Grande Rue, la rue de la Commune, la place du Centre : après le chant des hymnes patriotiques au pied de l'arbre de la Liberté, le cortège retournera à l'Ecole.

Signé : Bouisseren, président; Barthélemy, Louis Flornoy, Leriget, administrateurs ; Lagarosse, commissaire du pouvoir exécutif ; Roy, secrétaire-général.

1er *Brumaire an 7.* — *Règlement de police intérieure pour l'Ecole centrale du département de la Charente-Inférieure.*

Le Conseil d'administration de l'Ecole centrale.

Considérant que l'établissement des écoles n'a d'autre but que d'appeler les jeunes gens à l'instruction, de leur en ouvrir les sources et de leur faciliter les moyens d'y puiser le savoir et la vertu dont ils ont besoin pour devenir dignes de la Patrie, qui les chérit, les protège et leur prodigue de toutes parts les soins les plus effectueux ;

Considérant d'ailleurs que les jeunes gens, obligés par une juste reconnaissance de correspondre au vœu de la Patrie, doivent en donner des témoignages extérieurs par leur décence, par leur modestie, par leur docilité, par leur zèle à tous les exercices auxquels ils sont destinés ;

Considérant enfin, que s'ils aspirent à la double dignité d'homme et de citoyen, ils ne peuvent mériter un jour d'être honorés de ces deux titres si précieux, qu'en se soumettant volontiers à tout ce qu'exige d'eux la suprême loi de l'honnêteté, loi qui commande tout ce qui est bien, c'est-à-dire tout ce qui est conforme à l'ordre, à la justice, et qui défend sévèrement ce qui est mal, c'est-à-dire tout ce qui blesse l'ordre et la justice.

De plus, souhaitant que les jeunes gens remplissent sans écart les devoirs qui leur sont indiqués et prescrits par la droite raison et par le désir même qui doit les animer, de fournir avec honneur, avec distinction, la noble carrière qu'ils ont à parcourir.

A arrêté, d'après le pouvoir qui lui en a été donné par l'administration centrale dans son arrêté du 13 nivose an 6, les articles suivants :

Article premier. — Chaque élève, sans exception, ne reconnaîtra et n'admettra pour lui-même, comme pour tout autre indistinctement que la seule qualification de citoyen. La loi interdit à l'homme libre en société toute autre dénomination, et quiconque fait profession de respecter la loi doit la respecter en tout.

Article 2. — Les élèves ne s'attrouperont nulle part et se garderont de donner par leurs paroles ou par leurs actions, le moindre sujet de plainte à qui que ce soit.

Article 3. — Chaque élève en venant aux écoles ne se chargera que de ses livres, cahiers, cartons et autres objets d'instruction. La porte sera fermée à ceux qui s'y présenteront avec canne, bâton, baguette ou houssine.

Article 4. — Chaque élève selon ses facultés se tiendra dans une propreté décente et se gardera d'affecter dans son costume aucun signe proscrit de ralliement ou d'opinion.

Article 5. — Chaque élève se conformera avec l'exactitude la plus rigoureuse à l'heure marquée pour l'entrée dans les classes. Cette heure passée, la porte sera fermée aux paresseux, aux traîneurs, qui auront oublié au lit ou dans la rue l'obligation de se rendre où le devoir les appelle.

Article 6. — Pendant le quart-d'heure qui précèdera l'ouverture des classes, les élèves introduits ou réunis dans la cour s'y maintiendront dans la modération, dans la décence qu'exige le lieu, c'est-à-dire sans se permettre aucuns cris, aucuns jeux, aucune course, aucun tumulte.

Article 7. — Pareillement ceux des élèves qui auront à monter dans les corridors, observeront la plus grande retenue dans leur passage, qu'ils éviteront de rendre bruyant et incommode. Il est aussi expressément défendu de rien écrire ou tracer et dessiner sur les murs ou sur les portes ; et tout élève, particulièrement de la première section, contrevenant à ce qui est prescrit dans le contenu du présent article, sera puni suivant sa faute, ou par un surcroît de devoir ou par l'exclusion momentanée.

Article 8. — Il ne sera permis à aucun élève après les exercices de sa classe, de s'arrêter ni dans les corridors, ni dans la cour ; mais chacun d'eux sortira sur le champ sans se faire entendre par aucune espèce de bruit.

Article 9. — Chaque élève entré dans sa classe, se rangera paisiblement à la place qui lui aura été assignée, et demeurant la tête découverte, il donnera toute son attention à la voix du Professeur, et il ne répondra qu'avec modestie et honnêteté aux questions qui lui seront adressées.

Article 10. — Comme le succès des études dépend principalement de l'attention donnée aux leçons, il s'ensuit que l'application de l'esprit ne peut avoir lieu que dans le plus profond silence, et que la loi du silence est la première loi de l'école, conséquemment tout jaseur indiscret qui la violera de manière à distraire ses condisciples et à troubler le professeur, sera averti de rentrer dans les bornes du devoir; et faute d'obéissance, il s'exposera à la honte de l'exclusion et restera enfermé dans la cour pendant le reste de l'exercice de sa classe; ou si la gravité de la faute paraît l'exiger, il sera conduit par le concierge dans une chambre de discipline destinée à cet usage et y restera détenu pendant le reste du dit exercice. Cette dernière mesure de rigueur sera particulièrement applicable aux élèves de la première section; si cependant des élèves des autres sections, qui sont censés plus raisonnables, se permettaient de blesser la bienséance par quelque inconduite, ils s'exposeraient suivant la gravité de la faute, à l'exclusion momentanée ou à l'exclusion définitive, qui les priverait pour jamais du bienfait de l'instruction publique; le tout conformément aux dispositions de l'article 8 de l'arrêté de l'*Administration C*[illegible] du 13 nivose an 6.

Artic[illegible] To[illegible] qui se présentera dans sa classe sans s'être acquitté de [illegible] tâche qui lui aura été imposée, sera surchargé d'une autre tâche [illegible] peu plus forte et ne sera admis à prendre place p[illegible] abo[illegible] disciples, qu'après qu'il y aura satisfait.

[illegible] 12. Pour [illegible] faire au vœu du Directoire exécutif énoncé par [illegible] 1er de son arrêté du 27 Brumaire an 6, ainsi conçu :

« A compter du 1er Frimaire prochain, tous les citoyens non » mariés [illegible] faisant point partie de l'armée, qui désireront obtenir » de lui [illegible] es, des administrations, des régies et établisse- » ments [illegible] espèce, dépendants du gouvernement, soit une » place quelconque, s'ils n'en occupent point encore, soit un avance- » ment dans celles dont ils sont déjà pourvus, seront tenus de join- » dre à leur pétition leur acte de naissance et un certificat de fré- » quentation de l'une des écoles centrales de la République; ce » certificat devra contenir des renseignements sur l'assiduité du » candidat, sur sa conduite civique, sur sa moralité et sur les pro- » grès qu'il a fait dans ses études. »

Chaque professeur tiendra par trimestre une no[illegible] fidèle de la conduite de ses élèves et à la clôture de l'année scola[illegible], lors de la distribution des prix, ceux qui en auront obtenu comme ceux qui n'en auront pas obtenu, recevront également les applaudissements publics, dûs à leur assiduité, à leurs bonnes mœurs, à leur sagesse, par la mention honorable qui en sera faite à haute voix, afin que la vertu soit récompensée et encouragée par l'estime qu'elle mérite; tandis que les noms de ceux qui s'en seront rendus indignes par leurs écarts, resteront abandonnés au mépris et au silence.

Article 13. L'administration centrale, dans sa sollicitude pour les progrès des élèves ayant ordonné qu'il sera fait six médailles, dont trois seront destinées à la classe des langues anciennes et trois à celle de dessin, pour l'encouragement de ceux qui auront le mieux rempli leur devoir; ces médailles seront décernées une fois par décadi, s'il est possible, à ceux des élèves, qui, dans les compositions d'ouvrages proposés et jugés par le professeur, auront surpassé leurs condisciples en correction, en netteté, en justesse, en précision et en élégance; et la gloire d'avoir quelquefois mérité ces médailles dans le cours de l'année, sera relaté dans la mention honorable de la bonne conduite de l'élève, comme il a été dit, dans l'article précédent. L'élève honoré de l'une de ces médailles en sera responsable pendant le temps qu'elle lui restera.

Article 11. Les élèves se présenteront les jours de décadi à l'Ecole centrale, à huit heures du matin, pour se rendre de là avec les professeurs dans le lieu où se célèbrent les fêtes décadaires. Ils se réuniront de la même manière pour assister aux fêtes nationales, à l'embellissement desquelles ils concourront par leur conduite et leur bonne tenue.

Saintes, le 1er Brumaire an 7 de la République. Signé : Jacquin, Vanderquand.

Approuvé. Saintes, le 2 Brumaire an 7. Signé : Bouisseren, Président. Barthélemy, Lériget, L. Flornoy, Boischot, administrateurs. Lagarosse, Commissaire du Pouvoir exécutif, Roy, Secrétaire général.

---

8 *Nivose an 7. — Programme du cours de Législation de l'Ecole centrale approuvé par l'administration centrale. Professeur, M. Métivier.*

« Rapports naturels entre le corps social et ses membres ; —
» Droits et devoirs réciproques des gouvernés et des gouvernants ; —
» Droit administratif ; — Traités de paix, d'alliance, de commerce,
» de neutralité ; — Droit de la guerre ; — Notions d'économie poli-
» tique ; — Formes de gouvernements, grandeur et décadence ; —
» Constitution des différents états ; — Constitution de la France ; —
» Jurisprudence sur les personnes, les choses, les obligations, les
» actions ; — Procédure criminelle et civile »

---

30 Thermidor an 7. — Proclamation de l'administration centrale du département de la Charente-Inférieure, relative à la distribution des prix de l'Ecole centrale.

Le programme de la fête est le même que celui de l'année précédente avec les modifications suivantes :

Il y aura un lieu marqué pour douze vieillards, pères de famille, qui seront nominativement invités.

Il y aura, dans le cortège, neuf groupes d'élèves avec bannières et inscriptions :

Pour l'histoire naturelle : « *L'étude de la nature nous apprend à révérer son auteur.* »

Pour les sciences physiques : « *Tôt ou tard le génie déchire le voile de la nature.* »

Pour la grammaire générale : « *Elle est l'histoire naturelle de la pensée.* »

Pour la législation : « *Les hommes naissent pour la société.* »

Pour les langues anciennes, le dessin, les mathématiques, l'histoire, les belles-lettres, mêmes inscriptions que pour l'an 6.

Même marche du cortége, qui partira de la salle des Réunions décadaires.

Signé : Roy, président ; Flornoy, Lériget, Boichot ; Barthélemy, administrateurs ; P. Hector Savary, commissaire du Directoire exécutif ; Marchant, secrétaire général.

15 *Vendémiaire an 8. — Programme des cours.*

6 *Messidor an 8. — Règlement pour l'Ecole centrale.*

Quelques modifications ont été apportées au règlement de l'an 6. — Les élèves ne seront admis aux cours de la 1re section qu'après l'âge de 12 ans et après examen ; au cours de la 2e section qu'après 14 ans accomplis et examen ; aux cours de la 3e section qu'après l'âge de 16 ans au moins et examen.

— Le Cercle entier des études renfermera l'espace de sept ans ; deux pour chacune des deux premières sections et trois pour la dernière.

Signé : Métivier, Meaume, Le Sueur, Vanderquand, Forget, professeurs ; Muraire, bibliothécaire ; Lagarosse et Garnier, membres du Jury.

Approuvé par le Préfet. Signé : Français.

---

9 *Vendémiaire an 9. — Pensionnat de l'Ecole centrale. Prospectus.*

L'établissement qui se forme aujourd'hui manquait depuis longtemps au département de la Charente-Inférieure. Les Professeurs de l'Ecole centrale, convaincus de la nécessité, se sont plusieurs fois rappelé la célébrité d'un Pensionnat qui attirait dans la ville de Saintes la jeunesse de tous ses environs et un grand nombre d'étrangers des autres départements, tels que ceux de la Charente, de la Dordogne et de la Gironde.

La position de cette ville, l'agrément de ses promenades, la beauté, la fertilité de la campagne qui l'entoure, l'air pur qu'on y respire, les mœurs douces et le langage correct de ses habitants lui faisaient donner la préférence sur toutes les autres.

Si des difficultés insurmontables se sont présentées jusqu'à ce jour, les Professeurs enfin s'estiment heureux de pouvoir offrir aux enfants de leurs concitoyens la jouissance de tous ces avantages, dont ils ont été si longtemps privés. Le gouvernement lui-même vient à leur secours, en accordant une somme de trois cents francs à vingt élèves qui en jouiront pendant un an, sauf la continuation très probable de la même faveur ; le reste sera fourni par les parents, et la somme entière par ceux qui ne seront pas compris sur la liste des individus choisis.

Les professeurs, pénétrés du même zèle pour le succès de tous, invitent les citoyens à faire un essai de leur confiance ; ils ne tarderont pas à s'apercevoir que les soins et l'instruction seront prodigués à leurs enfants et que dans aucun autre Pensionnat ils ne trouveront les mêmes avantages dans un degré plus éminent.

Pour ce qui regarde la tenue des élèves, ils seront nourris, éclairés, chauffés, blanchis et demeureront nuit et jour sous la surveillance des professeurs, qui les accompagneront deux fois par décadi à la promenade.

Quant à l'enseignement, il sera donné dans le pensionnat même par les professeurs, et consistera dans tout ce qui peut disposer les élèves à suivre les cours de l'Ecole centrale et à les leur faire suivre avec succès, lorsqu'ils en seront devenus capables.

Conditions. La pension pour douze mois, sera de 476 fr., depuis sept ans jusqu'à onze, et de 525 fr., exempte de toute rétribution après cet âge.

Les maîtres d'escrime, de musique, de danse... seront payés à part.

Signé : Jupin, Jacquin, Meaume, Métivier, Forget, professeurs chargés des détails du pensionnat.

Règlement pour le régime intérieur du Pensionnat

ARTICLE 1er. Le lever des élèves sera à 6 heures du matin en hiver, et à 5 heures en été; ils se coucheront à 9 heures l'hiver et à 9 heures et demie en été.

ART. 2. Le déjeuner sera à 7 heures et demie.

ART. 3. Les cours de l'Ecole centrale commençant à 8 heures et se continuant successivement jusqu'à midi, les élèves se rendront à leurs cours respectifs avec le professeur. Pendant ce temps, ceux qui resteront au Pensionnat, seront surveillés et occupés.

ART. 4. Le dîner à midi et demi sera suivi de la récréation jusqu'à 2 heures.

ART. 5. Les cours du soir auront lieu de la même manière que ceux du matin, jusqu'à 4 heures.

ART. 6. Le goûter et la récréation, jusqu'à quatre heures et demie.

ART. 7. L'étude et les exercices particuliers occuperont les élèves jusqu'à sept heures et demie en hiver et huit heures en été ; et alors les professeurs répéteront les diverses parties de l'enseignement dont ils seront chargés.

ART. 8. Les exercices, pour les plus jeunes, seront la lecture, l'écriture, le calcul, les éléments de géométrie, de géographie, de langues française et latine. Pour les plus âgés, répétition des leçons de l'Ecole centrale, un cours particulier de grec et d'italien.

ART. 9. Les leçons des maîtres d'agrément se donneront pendant les heures de récréation.

ART. 10. Les quintidi et décadi, le lever sera retardé d'une demi-heure ; les heures des repas seront les mêmes ; la matinée sera employée à l'étude, aux répétitions et aux différents exercices. Au dîner succèdera la promenade, si le temps le permet.

ART. 11. Il y aura dans le cours de l'année classique trois exercices particuliers au Pensionnat, auxquels les professeurs, parents et amis des élèves assisteront pour juger de leurs progrès dans les études. Des récompenses y seront décernées à ceux qui s'y seront les plus distingués ; elles consisteront dans une mention honorable consignée dans un Registre destiné à cet objet et dont copie sera envoyée aux Parents. Ces exercices auront lieu les 10 pluviose, floréal et thermidor.

ART. 12. Les parents seront informés chaque mois de la conduite, des progrès et de la santé de leurs enfants. Dans les cas urgents de maladie, ils seront avertis particulièrement.

ART. 13. Il n'y aura d'autre punition que les réprimandes et la privation des objets d'agréments.

ART. 14. Les jeunes gens seront élevés dans les principes de la morale qui convient à tous les hommes probes et vertueux.

A Saintes, le 9 vendémiaire an 9. Lesueur, Jacquin, Muraire.

Le Préfet de la Charente-Inférieure approuve et arrête que les présents règlements et prospectus seront publiés et affichés.

Saintes, le 9 vendémiaire an 9. Le préfet : Français.

Roy, secrétaire général.

29 *Thermidor an 9. — Exercice public des belles lettres.*

Plaidoyer sur l'amitié et la reconnaissance
Orateurs : Eutrope Drilhon, Pierre Proutières, Jacques-François Lemoine.
Commissaire : Paul François Drilhon.
Juges : Pierre Buisseren, Jacques-Augustin Brung ; Pierre-Jean Quinemant.

30 *Thermidor an 9. — Proclamation du Préfet relative à la distribution des prix.*— Le programme de la fête est modifié : il n'est question que d'une seule bannière avec l'inscription : « *L'Instruction est la sauvegarde de la liberté.* »

Signé : Guillemardet, préfet ; Roy, secrétaire général.

24 *Vendémiaire an 10. — Arrêté du Préfet du département de la Charente-Inférieure portant publication du programme général des travaux de l'Ecole centrale pendant le cours de l'an* 10.

Le Préfet de la Charente-Inférieure,
Considérant que l'ouverture de l'Ecole centrale du département est fixée au 1er Brumaire prochain, qu'il importe que les parents des jeunes gens soient informés qu'on trouve dans cette Ecole un enseignement assidu et varié, des professeurs instruits et religieusement attachés à leurs devoirs ; que la morale qu'on y professe, loin d'être opposé à aucun culte, est au contraire le fondement de tous ; que les diverses branches de l'instruction qu'on y enseigne sont propres à former des hommes savants, des citoyens vertueux et à ouvrir une vaste carrière à tous les élèves pourvus d'attention et d'intelligence.
Arrête que le programme des diverses branches d'instruction enseignées dans l'Ecole centrale sera imprimé, affiché dans tout le département à la suite du présent.
Signé : Le Préfet, Guillemardet ; Le secrétaire général, Roy.

Indication sommaire des objets d'enseignement qui composeront les différents cours de l'an 10.

Langues anciennes. — Professeur, le citoyen Jupin.

Le cours de langues anciennes sera partagé en deux divisions et chaque division en deux sections.

1re *Division.* Dans la 1re section, on expliquera Salluste (guerre de Jugurtha) — Ovide (Métamorphoses, livres 12 et 13) — Cicéron (harangues, 1re et 2e Catilinaires). Dans la 2e section, on expliquera Justin (les quatre premiers livres) — Cicéron (le 1er livre des Officiis) — Térence (l'Andrienne). Pour le cours de grec, les deux sections suivront également la même marche. Chaque élève aura la grammaire grecque de Furgault ; le dictionnaire intitulé « Cornelii Schrevelii Lexicon manuale, græco latinum » ; les fables d'Esope ; la grammaire latine et la petite prosodie.

2e *Division.* Dans la 1re section, les élèves expliqueront le Selectæ è profanis scriptoribus historiæ, les fables de Faërne et les distiques d'Antoine Muret. Dans la 2e section, le de Viris illustribus romanis ; la grammaire latine, la grammaire française (Lhomond), la grammaire grecque pour les deux sections.

Dessin. — Professeur, le citoyen Delusse.

Il démontrera les principes de la figure et des proportions du corps humain, ceux d'architecture au lavis et au crayon et les principes du paysage ainsi que l'ornement pour divers états et professions.

Histoire naturelle. — Professeur, le citoyen Delavaux.

Il ouvrira son cours par l'exposé de l'état actuel de nos connaissances en histoire naturelle. Il traitera principalement pendant l'hiver les minéraux, développera les caractères propres à les faire connaître, indiquera leurs gisements sous le rapport de la géologie, leurs différents modes d'exploitation et les principaux emplois dans les arts, la médecine et l'économie domestique. Au 1er floréal il commencera ses leçons élémentaires de botanique. Il fera connaître successivement les différentes parties dont se composent les végétaux, leurs usages relatifs à l'entretien et à la propagation des plantes et les emplois nombreux auxquels nous pouvons les destiner pour nos divers besoins. Après avoir exposé le système sexuel de Linnée et la méthode de Tournefort, il développera plus amplement la méthode naturelle de Jussieu d'après laquelle les plantes sont classées dans le jardin botanique de l'Ecole centrale.

Mathématiques. — Professeur, le citoyen Lesueur.

Son cours comprendra d'une manière élémentaire les matières suivantes : l'arithmétique, l'algèbre, la théorie des suites et celle des logarithmes ; la géométrie, les trigonométries plane et sphérique ; l'application de l'algèbre à la géométrie ; le calcul infinitésimal.

Physique et Chimie. — Professeur, le citoyen Meaume.

Il exposera les propriétés générales des corps ; il démontrera ensuite les principes généraux de la mécanique renfermant la statique, la dynamique, l'hydrostatique et l'hydrodynamique ; suivront des leçons sur les éléments d'astronomie, la météorologie, l'acoustique et l'anémologie.

De là, le professeur passera aux phénomènes de la lumière, il fera connaître successivement : 1o les lois de l'optique, la catoptrique, la dioptrique avec l'application aux miroirs et aux verres ; 2o la décomposition de la lumière et la théorie des couleurs ; 3o les effets de la vision, soit naturelle, soit artificielle. Les nouvelles théories de la doctrine pneumato-chymique, seront développées avec soin.

Le professeur s'attachera à démontrer les propriétés des substances simples, des gaz et des principaux sels.

Le cours sera terminé par l'exposition des phénomèmes dûs au magnétisme, à l'électricité et au galvanisme.

Le cabinet de physique se trouvant aujourd'hui meublé d'une riche collection d'instruments, le professeur joindra à l'exposition des phénomènes les expériences nécessaires pour en faciliter l'intelligence et pour établir les théories qui serviront à les expliquer.

Le professeur désire que les élèves qui suivront le cours de physique aient acquis quelques notions de mathématiques.

Grammaire générale. — Professeur, le citoyen Vanderquand.

L'étude de la grammaire générale consiste dans la recherche des formes constantes auxquelles l'homme a assujetti l'expression de la pensée par la parole. Rechercher comment un homme a fait connaître pour la première fois ses affections à ses semblables ; tirer de l'insuffisance du langage d'action des sons articulés ; remonter à l'origine des langues et se demander les causes de leur diversité ; passer à l'invention de l'écriture ; signaler les premiers procédés de cet art ; voir son triomphe dans la découverte de l'imprimerie et remarquer leur influence sur la civilisation de l'espèce humaine, tels sont les premiers sujets de ses considérations. Il a divisé la grammaire générale en trois sections principales : La première traite des mots pris isolément ; ils sont considérés sous deux rapports, comme la matière du discours et comme signe des idées. On étudie dans la seconde leurs caractères spécifiques et l'on observe toutes leurs propriétés et leurs accidents. L'analyse du tableau d'une pensée aura donc fait apercevoir deux grandes classes dans les mots : l'une composée de ceux qui changent de forme et qui servent à peindre le sujet principal du tableau ; l'autre qui contient les mots qui ne changent point de forme et servent seulement à indiquer les rapports qui existent entre les premiers. En décrivant successivement ces différents signes, il interrogera souvent la pensée et fera voir partout l'homme de la nature, satisfaisant, dans la formation du langage au besoin impérieux d'exprimer ses idées avec justesse et rapidité. La troisième section considère les mots liés ensemble suivant certaines règles pour former le tableau de la pensée. On se demandera ce que c'est qu'une phrase, sa différence dans la proposition ; on en remarquera les différentes espèces. Les conditions de l'analyse grammaticale et raisonnée seront déterminées et les élèves s'exerceront à ce genre de travail. On étudiera en même temps les lois générales que suivent les mots dans leurs liaisons réciproques. L'assemblage de ces lois constitue la syntaxe et la construction.

On appliquera ensuite à la langue française les principes qu'on aura recueillis, on examinera les modifications qu'ils y éprouvent. Suivra une exposition des lois principales qui constituent l'art d'écrire sous le rapport seulement de la construction. La ponctuation sera l'un des sujets de ces dernières recherches. Si l'étude des Langues est utile, on peut dire que la connaissance de celle que l'on parle est nécessaire. Le professeur multipliera ses observations sur cette partie de son enseignement. L'étude de la grammaire générale, proprement dite, est un des exercices les plus propres à développer les quatre facultés de l'esprit humain, que l'idéologie a observées : l'attention, la réflexion, la mémoire et l'imagination : or le savoir et le génie consistent dans le perfectionnement de ces facultés.

Belles Lettres. — Citoyen Forget, professeur.

Les parties essentielles qui constituent le cours de Belles Lettres étant nécessairement liées entre elles, on traitera, comme l'année précédente, du style et de ses espèces, des figures et de leurs divisions, pour arriver au discours oratoire dans lequel ces connaissances préliminaires reçoivent leur application. Ce genre de composition littéraire étant le premier de tous et offrant à l'éloquence les moyens de présenter ses plus beaux développements, on parlera d'abord de l'éloquence en général, de son but et de son utilité suivant les différentes circonstances dans lesquelles peut se trouver l'homme de Lettres, soit qu'il consacre ses talents à l'avantage de ses concitoyens, ou à son bonheur particulier.

En indiquant la division établie entre les divers genres d'éloquence et après avoir démontré qu'elle convient seulement à la théorie, on apprendra la manière de les employer tous, pour obtenir le triomphe de l'orateur vertueux qui veut plaire, instruire et persuader. Les différentes parties du discours oratoire, les mœurs et les passions, qui sont les leviers de l'éloquence, seront offertes avec des préceptes succints et nourris de l'embonpoint des exemples. L'analyse de l'un des meilleurs discours de Cicéron terminera ce traité. La place qui occuperont aussi nos orateurs français prouvera que c'est surtout en imitant les anciens, que les modernes laisseront de beaux exemples à la postérité.

Les compositions poétiques renferment des espèces trop multipliées pour être présentées toutes à la fois dans un seul cours. On se bornera cette année à donner une idée de la poésie, à laquelle appartient éminemment l'art d'inventer et de peindre. Les principes de la versification française qui succèderont à ces notions, seront appliqués à la pastorale, à l'épitre et à l'ode, faisant suite aux petits poëmes dont il a été déjà traité. Les leçons de belles lettres données par écrit sous le titre de principes seront accompagnées de compositions analogues, par lesquelles chaque élève s'efforcera de perfectionner son génie et d'embellir son imagination, sans ramper servilement dans les ornières de la routine et de la contrainte. Une portion du temps sera consacrée à l'interprétation des auteurs latins, pour l'intelligence desquels ne suffit pas une traduction mesquine et littérale. On s'efforcera d'en saisir l'esprit et d'échanger leurs beautés pour celles de notre langage. Leur lecture ou plutôt leur charme et leurs exemples contribueront plus qu'aucun autre moyen à faire sentir aux élèves l'utilité de la science revêtue de ses ornements, et les plaisirs inappréciables que nous donnent les belles productions de l'esprit, enrichies et variées par les prestiges de l'imagination. Le Professeur a l'intention de donner vers la fin de l'année scolaire un cours de langue italienne, qu'il enseignera particulièrement à ceux qui ne pourront pas suivre ses leçons publiques.

Histoire. — Citoyen Jacquin, professeur.

Ce cours comprend deux parties absolument distinctes : la partie notionnaire et la partie méthodique. La première se divise : 1° en géographie ancienne, moderne et comparée ; 2° en chronologie mathématique et documentaire ; 3° en étude de faits historiques ; 4° en notions d'organisation civile contenant la diplomatie, l'hiérologie qui traite des systèmes religieux ; la nomologie qui donne des notions historiques sur la législation ; la sophologie qui s'occupe des opinions philosophiques ; l'usologie qui traite de l'affinité des langues avec l'histoire des révolutions et de la dénomination, valeur et rapport des poids, mesures et monnaies des différents peuples.

La seconde contient le système des considérations philosophiques et politiques dont on doit investir l'esprit des élèves, afin de faire saisir les divers rapports de l'histoire. Dans tout ce travail, le Professeur s'attachera surtout à démontrer la marche et les progrès de l'esprit humain dans les diverses périodes dont se compose l'histoire.

Législation. — Citoyen Métivier, professeur.

Faisant suite à ses leçons de l'année précédente, le Professeur achèvera le traité des obligations. Il terminera son cours de législation positive par une quatrième partie sur les actions, tant civiles que criminelles et sur la manière de les former.

Bibliothèque. — Citoyen Muraire, conservateur.

La bibliothèque de l'Ecole centrale, enrichie des plus belles collections de livres, estampes, tableaux et manuscrits précieux sera ouverte au public tous les jours de la décade, le matin depuis neuf heures jusqu'à midi ; le soir pendant l'hiver, depuis trois heures jusqu'à cinq heures, et pendant l'été jusqu'à six heures.

Le public pourra jouir, à dater du mois de Frimaire, du cabinet d'histoire naturelle qui lui sera ouvert les duodi et sextidi de chaque décade, depuis deux heures jusqu'à quatre heures de l'après-midi.

On est aussi averti que la première décade de Brumaire sera employée à l'examen des élèves qui se fera dans la chambre du Conseil d'administration, conformément aux articles 9, 10 et 11 du réglement de l'Ecole centrale et que tous les cours seront en activité le 11 du même mois.

Fait à Saintes, les jours, mois et an susdits.

Signé : Guillemardet, préfet ; Roy, secrétaire général.

---

25 *Thermidor an* 10. — *Proclamation du Préfet relative à la distribution des prix.*

Les airs patriotiques seront remplacés par des airs joyeux. Le cortège se rendra directement à la Préfecture. A sept heures du soir, les lauréats seront conduits par le Préfet et leurs professeurs à la salle de spectacle, où ils seront reçus dans une loge particulière et assisteront à la représentation d'une pièce morale analogue à la fête.

Signé : Guillemardet, Préfet.

Dans les Archives de la Charente-Inférieure, on trouve, sous le titre : *Instruction publique - Ecole Centrale*, sept dossiers relatifs à l'administration et à la comptabilité.

Premier dossier : *An 7, 10 Frimaire.* — Le Ministre de l'Intérieur met à la disposition de l'Ecole centrale le cabinet d'histoire naturelle provenant du sieur Sainte-Gemme.

Par arrêté minstériel en date du 10 frimaire an 7, signé François de Neufchâteau et par arrêté de l'Administrateur départemental en date du 7 nivose an 7, les bibliothèques des différents couvents et collèges des jésuites et les collections d'histoire naturelle avaient été mises à la disposition de l'Ecole centrale de Saintes.

Le citoyen Villebrune, professeur d'histoire naturelle de l'Ecole centrale, fut envoyé à La Rochelle pour recueillir la collection d'objets d'histoire naturelle ayant appartenu à l'émigré Sainte-Gemme. Ces collections avaient été soigneusement cataloguées et augmentées par Seignette, Fleuriau et par les citoyens Le Villemaret, Gaudin, Paris, qui en avaient le dépôt à La Rochelle. Des discussions eurent lieu entre Villebrune, qui voulait tout emporter à Saintes, et les Rochellais Le Villemaret... qui voulaient tout garder.

Après un arrêté de l'administrateur du département, le citoyen professeur Villebrune pût, le 18 ventose an 7, faire conduire à Saintes, par bateau : 1° Vingt caisses ou volières contenant des oiseaux empaillés ; 2° des vitrines, tablettes, gradins pour ces oiseaux ; 3° des tables et corps de bibliothèques ; 4° six petites caisses contenant des objets d'histoire naturelle ; 5° trois caisses contenant des papillons et des bocaux à esprit de vin avec animaux ; 6° une caisse contenant madrépores, objets de lithologie, coquillages.

Une grande partie des objets fut laissée à La Rochelle (treize caisses) comme ayant été donnée par les citoyens Seignette et Fleuriau Bellevue et ne faisant pas partie de la collection Sainte-Gemme.

L. Villebrune réclamait encore pour l'Ecole centrale les ouvrages des bibliothèques de l'Oratoire, des Convents et des Collèges ; il résulte de sa lettre du 18 nivose an 7 qu'on ne pût obtenir de La Rochelle que les doubles des ouvrages.

Cette note devait être rappelée, car, à La Rochelle, on a souvent accusé la ville de Saintes d'avoir tout accaparé à l'époque de l'Ecole centrale ; à Saintes, l'on a accusé la ville de La Rochelle d'avoir tout pris lorsque le siège de la Préfecture et des administrations départementales fut transféré.

De ces collections, que reste-t-il ? rien à Saintes. Après l'Ecole centrale, les objets d'histoire naturelle furent remisés dans une des salles de la Mairie; personne ne s'en occupa et le peu qui restait encore en 1871 fut détruit par l'incendie.

La Rochelle, au contraire, a su conserver et augmenter son Musée qui est devenu l'un des plus complets de la France, grâce aux travaux et au zèle de MM. Fleuriau de Bellevue, d'Orbigny et Beltrémieux.

Deuxième dossier : *9 Vendémiaire an 10*. — Réparation des bâtiments de l'Ecole centrale. — Devis estimatif. — Approbation des Ingénieurs. — Adjudication. — Dépense ordonnancée par le Ministre de l'Intérieur Chaptal.

Troisième dossier : *24 Vendémiaire an 10*. — Arrêtés du Préfet de la Charente-Inférieure fixant l'ouverture des classes et arrêtant le programme des diverses branches d'instruction enseignées à l'Ecole centrale. Sept placards sur le programme des cours et sur la distribution des prix se trouvent aussi à la bibliothèque de Saintes.

Quatrième dossier de l'an 9 à l'an 12. — L'annuaire de l'an 2 porte que la bibliothèque de l'Ecole centrale contient 54,000 à 55,000 volumes. Le citoyen Muraire, bibliothécaire, avait été autorisé à réclamer les doubles à d'autres bibliothèques, à vendre les doubles et rebuts, à faire des échanges, aussi le catalogue dressé le 8 Ventôse an 12 ne porte que 22,467 volumes.

Ce dossier contient des indications sur la liste des livres échangés avec le citoyen Duffour, la liste des livres remis aux citoyens de Brémond, Malvin-Montazet, la liste des livres vendus aux citoyens de Rupt, Roy, Laverny. Le citoyen Muraire avait obtenu du Ministre plusieurs ouvrages nouveaux sur les sciences.

Cinquième dossier. — Etat des traitements payés aux divers professeurs et au bibliothécaire. Chaque professeur recevait un traitement annuel de 2,006 francs.

Le professeur d'histoire naturelle Villebrune fut remplacé l'an 9 par M. Delavaud ; le professeur de législation Métivier cessa ses fonctions le 13 pluviose an 12 et ne fut pas remplacé.

Sixième dossier de l'an 8 à l'an 12. — Lettres et réclamations au sujet des traitements des professeurs, des indemnités accordées aux deux professeurs MM. Jupin et Métivier qui ne sont pas logés à l'Ecole, des appointements du garçon de salle pour la Bibliothèque.

Septième dossier : Comptabilité an 7, an 10, an 12. — Mandats et ordres de paiement. — Réparations locatives et entretien des bâtiments. — Matériel de la Bibliothèque, du cabinet de physique et d'histoire naturelle, des classes, de la salle de dessin. — Distribution des prix. — Traitement des employés : Gilbert, jardinier-botaniste ;

Simonneau, jardinier de la pépinière ; Doussin, employé et copiste à la Bibliothèque ; Jean Jouant, concierge du temple décadaire et de la salle des exercices ; Hervé, concierge de l'Ecole.

— Etat contenant la liste des vingt élèves de l'Ecole Centrale auxquels il a été accordé une pension d'après la loi du 3 Brumaire :

1 Moreau Nicolas ; 2 Bouisseron Pierre ; 3 Josse Thomas ; 4 Viaud Jean Nelzir ; 5 Boucard Eugène René ; 6 Rousset Pierre ; 7 Foreau Louis ; 8 Gaillard Eutrope ; 9 Le Noble Jean Hilaire Nicolas ; 10 Drilhon Pierre Eutrope, tous de Saintes ; 11 Michelin Pierre, de La Rochelle ; 12 Lemoine Jacques François, de Matha ; 13 Guillet Charles, de Marennes ; 14 Naudin Pierre, de Mortagne ; 15 et 16 Jouanneau Amédée et Pourpain Antoine, de Saint-Jean-d'Angély ; 17 Delcheoy Pierre, de l'Isle d'Oleron ; 18, 19 et 20 l'Hommeau Dominique, Pommeraye René et Roy Moville, de St-Marc (Ile St-Domingue.)

SIXIÈME PARTIE

L'ÉCOLE SECONDAIRE ET LE COLLÈGE COMMUNAL

De 1803 à 1886

La loi du 21 floréal an 10 (1er Mai 1802) et l'arrêté du 30 frimaire an 11 (21 Décembre 1802) avaient établi qu'un Lycée serait organisé dans toutes les villes où se trouvait une Cour d'appel et avaient autorisé les municipalités à convertir en Ecoles secondaires communales les autres Ecoles Centrales.

Il y eut à Saintes des hommes dévoués à l'Enseignement qui ne voulurent pas attendre longtemps l'organisation de la nouvelle Ecole.

Le Bureau d'administration se réunit le 28 novembre 1803, et, conformément à l'article 14 de l'arrêté du 19 Vendémiaire an 12, propose au Ministre de l'Intérieur, comme Directeurs de l'Ecole Secondaire, MM. Jean Delafond et François Castagnary.

Immédiatement après la nomination de M. Delafond, des propositions sont faites pour les différentes chaires.

Le personnel du Collège fut constitué de la manière suivante :

Directeur	M. Delafond.
Classe de Belles-Lettres	M. Emmanuel Gilbert.
1re et 2e latines	M. Jean Maigrier.
3e et 4e latines	M. Alexandre Bouyer.
5e et 6e latines	M. Barthélemy Couturier.
1re et 2e sciences	
3e et 4e sciences	M. Lesueur.
4e et 5e sciences	M. André Achard.

Le cours supérieur de sciences (1re et 2e classes) n'existait que dans les principaux Lycées. Le Bureau d'administration fixe à 506 francs le prix de la pension des internes et à 86 francs les frais d'études pour les externes, y compris les 25 francs pour la rétribution universitaire.

Tous les biens du Collège avaient été vendus ; la ville dût prendre sur son budget communal la somme nécessaire pour garantir le traitement des professeurs ; elle affecta à cette dépense une augmentation de deux centimes par franc sur les produits de l'octroi, ce qui donna, pour l'année 1804, une somme de 5625 fr.

Les traitements des professeurs étaient d'abord de 800 francs pour les classes inférieures, 1000 francs pour les classes moyennes, 1200 francs pour les classes supérieures ; à partir de 1805, ils furent portés à 1000, 1200 et 1500 francs.

Après la démission de M. Bouyer donnée en novembre 1804, M. Couturier fut nommé en 3e et 4e latines, M. Jean Brugère en 5e et M. François Périneau en 6e, le nombre des élèves des classes élémentaires ayant augmenté.

M. Lesueur appelé en juillet 1805 à la chaire de navigation du port de Rochefort fut remplacé par M. Jean Petit, qui était professeur de Sciences à l'Ecole de Bergerac.

M. Delafond, Directeur, se retire le 10 juillet 1806 ; le Bureau d'administration présente MM. Maigrier et Bonnerot. Le premier n'accepta pas le poste et donna le 30 Mai suivant sa démission de professeur.

M. l'abbé Petit avait été appelé à la Direction de l'Ecole ; M. Couturier était désigné pour la 1re et la 2e latines et MM. Georges d'Hières et Jean Bonnerot étaient présentés pour la 3e et la 4e.

Il faut croire que le Bureau d'administration tenait beaucoup à la nomination de M. l'abbé Bonnerot, présenté en 1804 pour la 3e et 4e Sciences ; en 1806 successivement pour la place de Directeur, pour une seconde chaire de Sciences, pour la 1re et 2e ; en 1807 pour la 3e et 4e latines. M. Bonnerot était rentré depuis 1800 avec MM. Hardy, de Rupt et les autres prêtres qui avaient préféré l'exil au serment.

On sait que M. André Achard restait le seul professeur de Sciences ; le Registre du Bureau d'administration n'indique aucun changement pour les quatre années qui suivent et ne porte aucun procès-verbal depuis le 7 Juin 1813 jusqu'au 14 Juillet 1821.

Le nombre des élèves de l'Ecole secondaire de Saintes varia de 70 à 100 ; des écoles secondaires avaient été établies dans les villes voisines à Rochefort, à Saint-Jean-d'Angély, à La Rochelle. L'état de 1805, sur le personnel et les ressources des Ecoles secondaires de la Charente-Inférieure, porte 354 élèves suivant les Cours, dont 31 pensionnaires et 41 externes pour Saintes ; 9 pensionnaires et 110 externes pour Rochefort; 30 pensionnaires et 25 externes pour Saint-Jean-d'Angély ; 35 pensionnaires et 73 externes pour La Rochelle. On comptait en France à la même époque 40 Lycées, 378 écoles secondaires communales, 361 écoles privées d'Enseignement secondaire, 90 petits Séminaires; l'Etat entretenait 6400 élèves dans ces différents établissements.

La disposition des Cours dans toutes ces Ecoles nous indique une bifurcation assez mal établie : les Lettres et les Sciences marchent parallèlement. Cette méthode dura peu de temps ; avant 1789, les littératures anciennes absorbaient tout ; dans les Ecoles Centrales, l'enseignement Scientifique dominait ; le parallélisme des deux enseignements littéraire et scientifique est établi sous l'Empire, mais bientôt un nouveau courant en sens inverse ramène la méthode aux langues anciennes.

Le décret du 17 mars 1808 organisa l'Université française ; l'Ecole secondaire de Saintes devint Collège communal, à partir de l'année scolaire 1808-1809, soumis à tous les règlements universitaires. M. l'abbé Jean Petit, principal, M. Achard en sciences, M. Gilbert en rhétorique, M. Couturier en seconde et troisieme, MM. Brugère et Périneau dans les classes de grammaire sont maintenus par le grand maître de l'Université.

En 1811, M. Joachim Petit, frère du principal, remplace M. Achard; M. Bardou est nommé suppléant de M. Gilbert ; en 1813 MM. Termonia fils et Martinaud sont professeurs pour les classes de grammaire ; MM. Flornoy et Périneau pour les classes élémentaires ; M. Moreau donne au Collège des leçons de dessin et M. Termonia père des leçons d'écriture.

Le nombre des élèves allait en augmentant ; en 1813, on comptait 92 pensionnaires et 84 externes : une telle situation avait attiré la bienveillance de l'Administration supérieure et excité le zèle du Conseil municipal ; un décret de Napoléon Ier daté de Dresde (19 août 1813) transformait en Lycée l'Ecole secondaire de Saintes. La ville devait fournir le terrain (les jardins de la Sous-Préfecture actuelle, de la Mairie et tous les bâtiments du Collège et de la Mairie) ; sa part dans la construction, l'aménagement et le matériel était évaluée à 60,000 francs. Quelques difficultés furent soulevées à Saintes, on ne prit pas immédiatement toutes les mesures nécessaires et la combinaison fut plus tard écartée, à cause des évènements politiques de 1814 et du nouvel esprit qui présida, après 1815, aux choses de l'Instruction publique: assurément M. l'abbé Petit, ayant le pensionnat à son compte, n'avait aucun intérêt à hâter une telle solution.

Chaque évolution politique en France a amené des modications dans les réglements qui intéressaient le Corps enseignant; les ordonnances et arrêtés du 30 septembre 1815, du 9 novembre 1818, du 31 octobre 1820, des 27 février, 13 mars, 4 septembre en 244 articles, 10 novembre 1821, des 16 septembre et 21 octobre 1826 apportèrent des changements dans les programmes et dans les institutions universitaires. La Philosophie n'était enseignée que dans les Collèges royaux; l'étude de la langue grecque était devenue obligatoire; des notions d'histoire et de géographie étaient introduites dans les examens oraux du baccalauréat: les élèves ne pouvaient pas terminer leurs études dans les Collèges communaux; plusieurs de Saintes étaient envoyés (depuis 1809 jusqu'à 1827) comme boursiers au Collège Royal de Poitiers.

Le Bureau d'administration avait demandé dès le mois de juillet 1821 une chaire de philosophie pour le Collège de Saintes. M. Gilbert, l'ancien professeur de belles lettres « qui ne savait pas le grec » fut nommé et remplacé en Rhétorique par M. Journiac « qui fut obligé d'apprendre le grec. »

Les tableaux ci-après indiquent à partir de cette époque tous les mouvements qui ont eu lieu au Collège dans le personnel des professeurs et dans la population scolaire.

Le nombre des élèves allait en diminuant; le Principal avait cependant obtenu de recevoir des élèves ecclésiastiques: plusieurs notes, signées de M. l'Inspecteur d'académie en tournée, constatent que 19 élèves en 1825, 20 en 1826, 15 en 1827 étaient exempts de la rétribution universitaire comme se destinant à l'état ecclésiastique; pendant l'année scolaire 1829-1830, vingt-huit pensionnaires et 65 externes suivaient les cours. M. Petit, prêtre, n'avait plus la même liberté d'action en face de la concurrence faite au Collège de Saintes par le séminaire voisin; il était fatigué après trente années de services, dont vingt-quatre comme Principal; « vu l'incertitude du temps », il voulut se retirer dans sa propriété de Sainte-Marie de Saintes, qui avait appartenu aux jésuites.

M. Meynieu nommé Principal en 1830 ne resta que quatre ans

au Collège ; sous son adminstration, le nombre des élèves varia de 130 à 150 ; les Régents n'étaient pas toujours payés d'une manière régulière, l'un d'eux se plaignait trop ouvertement « en pleine distribution des prix » de l'injustice du Principal. Le Conseil municipal voulait l'admission de deux boursiers, un interne gratuit par vingt-cinq pensionnaires : le désaccord avec la Ville devait amener le départ du Principal.

M. Laurent fut installé le 20 septembre 1834 ; pour éviter toute discussion, le nouveau Principal signa avec la Municipalité un traité qui réglait les conditions du pensionnat ; il fit supprimer en faveur de Saintes les bourses entretenues au Collège de Poitiers ; il établit un cours de sciences physiques et un cours d'anglais ; il organisa une Ecole primaire supérieure conformément à la loi du 28 juin 1833 ; il fit augmenter et régulariser le traitement des professeurs.

Le rapport du 12 mars 1835 à Messieurs les membres du Bureau d'administration sur le personnel, les études et la discipline est un modèle qui aurait dû servir à tous ses successeurs.

M. Laurent fut appelé le 30 septembre 1836 à la direction du Collège d'Angoulême et fut remplacé par M. Moufflet ; son passage à Saintes avait été trop court.

La première demande du nouveau Principal fut celle d'un aumônier attaché à l'établissement : de 1836 à 1850, le nombre des internes ne dépassa pas 47, celui des externes augmenta jusqu'à 150.

Le Ministre de l'Instruction publique avait décidé qu'un Collège Royal devait être établi dans tous les départements de la France ; Saintes, la ville centrale de la Charente-Inférieure, semblait désignée pour l'obtenir ; en 1840 comme en 1813, on hésita, on n'était pas d'accord sur l'emplacement (collège actuel, l'ancien séminaire devenu l'hôpital de la marine, le terrain actuellement occupé par l'Etablissement des Petites-Sœurs des pauvres), on trouvait la dépense trop élevée, et, le lendemain du jour où le Conseil municipal votait les fonds demandés, un Décret accordait à La Rochelle le Collège Royal.

Un seconde chaire de Sciences fut créée au Collège de Saintes en 1845 ; un professeur spécial pour l'enseignement de l'histoire fut nommé en 1846 ; les classes élémentaires et de français furent séparées et mieux organisées.

Il résulte des délibérations du Bureau d'administration que la subvention municipale s'élevait de 10,000 à 18,000 francs; le Principal exprimait ses plaintes et la situation déplorable au point de vue financier.

Déjà en 1842, M. Moufflet disait dans son rapport : « Les chefs » d'institution de la ville font une concurrence qui nuit à l'internat; » le nombre des élèves augmente, mais celui des pensionnaires » diminue » ; en 1850, M. le Principal adresse un Rapport au sujet des élèves qui fréquentent les institutions libres : « M. l'abbé » Dubreuilh n'envoie que les meilleurs élèves qui obtiennent tous » les prix ». La question est portée le 28 juillet devant le Conseil de l'Université et Monsieur le Ministre décide que : « les chefs » d'établissements libres, désirant faire suivre à leurs élèves les » cours du Collège de Saintes, devront déclarer au Bureau d'ad- » ministration quelle est la classe à partir de laquelle ils ont l'in- » tention d'envoyer leurs élèves au Collège ; ils prendront l'enga- » gement de ne donner l'enseigement dans leurs établissements à » aucun élève en état de suivre soit la classe indiquée comme » point de départ, soit chacune des classes supérieures jusqu'à la » philosophie inclusivement, sauf dans quelques cas particuliers » dont l'appréciation appartiendra au Bureau. »

M. Moufflet déclare dans la séance du 30 juillet 1850 que l'avenir du Collège est menacé ; il demande son changement et est nommé à Bastia.

M. Surrault, professeur de seconde du Collège, est installé comme Principal au commencement de l'année scolaire 1850-1851.

Assurément la loi du 15 mars 1850 portait un coup terrible à la prospérité des Collèges communaux ; le monopole universitaire était aboli, le principe de la liberté d'enseignement était étendu à l'instruction secondaire ; deux ans après, plus de cinquante Collèges communaux avaient disparu en France. Nous n'avons pas à discuter ici cette loi. Quelques-uns se sont demandé, dans ces derniers temps, s'il était possible à l'Etat de se désintéresser dans la question d'Instruction publique. Un Etat monarchique a-t-il jamais permis la discussion de son principe et de ses monopoles ; accorderait-il la liberté d'enseignement ? Vouloir, disent-ils, qu'à côté de l'Université puissent s'établir des corporations religieuses, des sectes antireligieuses enseignantes indépendantes de sa juridiction, n'est-ce pas laisser établir des courants opposés dans une même nation, des gouvernements différents dans un même pays ? L'Etat a le monopole de la justice par les tribunaux composés de juges inamovibles ; l'Etat a le monopole de la force publique par l'armée dont tous les officiers ont la propriété du grade ; l'Etat a le monopole et la direction des travaux publics par ses Ingénieurs sortis de l'Ecole polytechnique ; l'Etat doit-il avoir le monopole de l'éducation nationale par ses seuls Lycées et Collèges dont les professeurs offrent les garanties de savoir et d'expérience ? (1)

D'autres ont dit : l'intervention de l'Etat endort et paralyse en tout l'initiative individuelle ; la liberté seule prépare et donne le progrès.

L'Etat ayant des opinions sur toutes choses, imposant sa volonté, élevant un jour, amoindrissant le lendemain tantôt les programmes littéraires, tantôt les programmes scientifiques provoque la décadence.

Assurément l'intervention de l'Etat ne peut être justifiée que quand il existe un péril social à conjurer, mais qui pourra établir le moment où cette intervention doit se produire, qui fixera la limite de l'intervention ?

La question de la liberté de l'enseignement sera encore longtemps le sujet de longues discussions ; il est assez difficile de concilier en France le principe d'autorité avec celui de liberté. En matière d'enseignement nous rappelerons la doctrine de l'illustre Guizot : « l'autorité a pour mission de sauvegarder la liberté. »

Le Collège de Saintes était réduit en 1853 à 90 élèves dont à peine 19 pensionnaires et demi-pensionnaires : toutes les raisons de la décadence du Collège sont établies dans le Rapport de M. Surrault en date du 11 mai 1853 : « La scission avec la maison Du-
» breuilh est complète ; l'Ecole communale de Frères et les cours
» d'adultes retiennent les élèves qui fréquentaient les classes de

(1) La loi du 11 mai 1806 et les décrets de 1811 créaient une Université seule chargée de l'instruction nationale. Napoléon se préoccupait surtout du maintien de sa dynastie ; il convertissait, comme l'a dit Guizot, l'institution en un instrument de despotisme.

» Français ; les sept maisons ecclésiastiques d'enseignement se-
» condaire établies dans le département enlèvent nos pensionnai-
» res ; le nouveau plan d'études exige un personnel plus complet
» pour l'enseignement scientifique. »

M. Surrault avait lutté avec énergie; persuadé que d'autres pourraient mieux faire, il demanda son changement et il obtint en 1854 le poste d'Inspecteur d'Académie qu'il a gardé pendant vingt ans.

« Le nouveau plan d'études, disait M. Surrault dans son Rapport, exige un personnel plus complet. »

Je ne saurais médire des hommes qui avaient préparé, après 1852, ce système bâtard de la bifurcation, système copié sur les programmes de l'an XII ; car ces anciens et savants doctrinaires, qui entouraient alors le Ministre de l'Instruction publique, ont pu ainsi sauver l'Université. Napoléon III était un moment décidé à donner au Clergé l'enseignement de toute la jeunesse française ; le Clergé n'était pas prêt en face des nouveaux programmes, il n'avait ni un personnel suffisant, ni un personnel capable surtout pour la partie scientifique. Les auteurs de la loi de 1850 avaient pu un instant modifier la constitution de l'Université, le Conseil supérieur, l'Administration académique, l'Ecole normale supérieure, les examens de l'agrégation, les Ecoles normales primaires ; l'Empereur avait encore accordé au Ministre par le décret du 9 mars 1852 les pouvoirs les plus étendus contre les fonctionnaires ; mais dès 1854, des réformes furent jugées indispensables et l'on n'eut plus ces Recteurs départementaux faisant des circulaires sur le port de la barbe et se soumettant surtout à l'influence épiscopale.

Les programmes restèrent les mêmes jusqu'en 1863, ils ont été depuis plusieurs fois modifiés, ils furent successivement appliqués au Collège de Saintes.

(L'histoire des programmes de l'Enseignement secondaire a été traitée d'une manière complète dans le remarquable mémoire présenté par M. Gréard, le 1er juin 1884, au Conseil académique de Paris.) Voir ce Rapport et aussi celui présenté au même Conseil académique par M. Gréard sur l'Enseignement secondaire spécial. Après ces Rapports, tout ce qu'on pourrait dire ne serait que de la déclamation et du remplissage.

Depuis 1802, les méthodes d'enseignement ont été uniformes pour tous les établissements qui dépendent de l'Université. Le Collège de Saintes les a toujours suivies dans la mesure de ses ressources, aussi nous avons vu et nous verrons le personnel se fortifier par l'adjonction de nouveaux professeurs de philosophie, d'histoire, de sciences, de langues vivantes et même d'exercices militaires.

A Saintes, comme dans tous les Collèges équivalents, on fait ce que l'on peut; les programmes ne peuvent pas toujours y être appliqués comme dans les grands Lycées; d'ailleurs ces programmes ne valent que par les maîtres qui les suivent et les élèvés qu'ils y soumettent.

A Saintes, comme dans tous les Collèges équivalents, le père de famille demande au professeur de faire de son fils un bachechelier; le professeur s'applique à en faire un homme et lorsque ce petit homme qu'on lui a confié est intelligent et travailleur, le professeur dit au père : Votre fils est bachelier, mais il y a autre chose à faire; il y a là-bas, un peu loin, des Lycées qui s'appellent Louis-le-Grand pour la partie littéraire, Saint-Louis pour la partie scientifique; il faut prendre tous les moyens, faire tous les sacrifices pour y envoyer votre fils, pour qu'il puisse y recommencer sa rhétorique, pour qu'il continue ses études de mathématiques. C'est ainsi que quelques-uns des élèves du Collège de Saintes peuvent être inscrits dans son histoire comme élèves de l'Ecole normale, de l'Ecole polytechnique, comme élèves brillants des Facultés.

Nous devons ajouter que le Collège de Saintes n'a jamais été abandonné par l'inspection générale; en outre MM. les Recteurs et Inspecteurs d'Académie sont venus souvent y constater les progrès et la bonne tenue. Les parents savent bien que ces inspections sont l'une des forces des établissements universitaires.

M. Rousset, professeur de mathématiques, sous-principal au Collège de Rochefort fut désigné pour remplacer M. Surrault; d'autres avaient désiré une direction différente. M. Vacherie, maire de la ville, qui montra toujours le plus grand dévouement pour le Collège et pour les intérêts universitaires, fit échouer la combinaison assez bien préparée, de réunir aux élèves du Collège ceux de la pension de M. l'abbé Dubreuilh et de mettre ce dernier à la tête d'un établisssement (qui aurait pu être indépendant de l'Université). Certains conseillers municipaux et ceux d'un autre groupe influent de la ville firent opposition à M. Vacherie ; ils n'avaient pas à se préoccuper de la valeur des études et de la tendance de l'enseignement ou peut-être ils s'en occupaient beaucoup ; ils trouvaient surtout une économie considérable pour le budget, puisque M. l'abbé se chargeait de toutes les dépenses moyennant une subvention ferme de dix mille francs. Il ne faut pas oublier, d'un autre côté, qu'une maison ecclésiastique à Saintes était trop rapprochée de celle de Pons et M. Dubreuilh ne trouva pas autour de lui tout l'appui qu'il pouvait espérer.

Sous l'administration ferme et sévère de M. Rousset, 1854-1863, le nombre des élèves alla en augmentant jusqu'à 179 dont 90 pensionnaires ; la classe de *Logique* fut confiée à un professeur spécial ; la chaire d'allemand fut créée ; l'enseignement scientifique fut réglé conformément aux nouveaux programmes ; les professeurs reçurent un traitement supplémentaire dont la quotité était déterminée par le nombre des élèves présents.

Le 15 septembre 1863, M. Rousset fut nommé Principal du Collège de Rochefort et remplacé par M. Chapsal, professeur du Lycée de Limoges.

Le nombre des élèves s'est élevé successivement, il était de 272 à la rentrée du mois d'octobre 1881.

Le traitement des professeurs a été augmenté ; l'enseignement scientifique a été complété par la nomination de deux nouveaux maitres dont l'un est chargé de la classe de mathématiques préparatoires ; les cours de l'Enseignement spécial ont été établis conformément aux nouveaux plans d'études en 1866, en 1872, en 1884 ; les collections pour l'enseignement du dessin, des sciences physiques et naturelles ont été considérablement accrues ; le local a été agrandi ; les succès ont été nombreux. En 1864, un élève obtenait le 1er prix de Dissertation française au Concours Académique ; en 1872, un autre remportait le 3e accessit au Concours général ; le premier de la promotion de St-Cyr en 1880 sortait de la classe de mathématiques élémentaires ; on comptait en 1871 dix-neuf bacheliers, ou certificats d'études ; trente-deux en 1875 ; trente-trois en 1879 ; vingt-sept en 1880.

Et lorsque M. Chapsal quittera la maison, M. le comte Lemercier, Maire de la ville de Saintes, qui depuis 14 ans, a montré tant de sollicitude pour le Collège, pourra ajouter à ce que disait le 11 juin 1788 Mgr l'Evêque de La Rochefoucauld à M. le Principal Hardy :

Sous votre direction et celle des maitres qui vous ont entouré, le Collège de Saintes a soutenu sa vieille et bonne réputation.

Tableau du nombre des élèves

De 1571 à 1611	Nombre inconnu.
De 1611 à 1762	N'est pas bien déterminé, problablement cent.
Après 1762	Internes de 80 à 100 ; externes de 70 à 90.
Ecole centrale	Nombre a varié de 100 à 140.
Ecole secondaire	Internes de 30 à 40 ; externes de 40 à 50.

Les registres de l'entrée et de la sortie des élèves portent pour le Collège communal :

Années scolaires	Internes	Externes	Total
1809 — 1810	51	88	139
1810 — 1811	52	86	138
1811 — 1812	67	100	167
1812 — 1813	92	84	176
1813 — 1814	85	72	157
1814 — 1815	61	54	115
1815 — 1816	»	»	116
1816 — 1817	»	»	127
1817 — 1818	46	67	113
1818 — 1819	46	94	140
1819 — 1820	48	100	148
1820 — 1821	»	»	143
1821 — 1822	»	»	132
1822 — 1823	48	101	149
1823 — 1824	48	91	139
1824 — 1825	37	102	139

Années scolaires	Internes	Externes	Total
1825 — 1826	32	96	128
1826 — 1827	35	98	133
1827 — 1828	46	75	121
1828 — 1829	»	»	94
1829 — 1830	28	65	93
1830 — 1831	39	95	134
1831 — 1832	63	93	156
1832 — 1833	65	77	142
1833 — 1834	48	76	124
1834 — 1835	47	103	150
1835 — 1836	44	107	151
1836 — 1837	40	106	146
1837 — 1838	40	141	181
1838 — 1839	39	140	180
1839 — 1840	32	139	171
1840 — 1841	37	148	185

Années scolaires	Internes	Externes	Total	Années scolaires	Internes	Externes	Total
1841 — 1842	32	153	185	1864 — 1865	102	118	220
1842 — 1843	31	152	183	1865 — 1866	125	115	240
1843 — 1844	30	150	180	1866 — 1867	123	117	240
1844 — 1845	37	148	185	1867 — 1868	117	119	236
1845 — 1846	31	130	161	1868 — 1869	146	112	258
1846 — 1847	35	117	152	1869 — 1870	148	112	260
1847 — 1848	41	102	143	1870 — 1871	98	109	217
1848 — 1849	41	112	153	1871 — 1872	105	131	236
1849 — 1850	44	115	159	1872 — 1873	98	123	221
1850 — 1851	47	107	154	1873 — 1874	76	116	192
1851 — 1852	40	89	129	1874 — 1875	86	114	200
1852 — 1853	37	80	117	1875 — 1876	91	124	215
1853 — 1854	19	71	90	1876 — 1877	93	116	229
1854 — 1855	50	80	130	1877 — 1878	109	122	231
1855 — 1856	56	86	142	1878 — 1879	107	120	227
1856 — 1857	58	88	146	1879 — 1880	116	118	234
1857 — 1858	60	90	150	1880 — 1881	136	119	255
1858 — 1859	60	100	160	1881 — 1882	144	128	272
1859 — 1860	83	80	163	1882 — 1883	115	145	260
1860 — 1861	90	85	175	1883 — 1884	114	139	253
1861 — 1862	87	92	179	1884 — 1885	120	146	266
1862 — 1863	92	110	202	1885 — 1886	128	140	268
1863 — 1864	99	115	214				

Les maximums ont eu lieu en 1843, 1849, 1863, 1869, 1881.

Les minimums en 1829, 1853, 1861, 1873.

Les mouvements ascendants et descendants de cette populàtion scolaire s'expliquent : 1° par les organisations des écoles supérieures et des écoles primaires annexes ; 2° par les changements du Principal et du personnel enseignant ; 3° par les événements politiques ; 4° par la création d'établissements voisirs d'enseignement secondaire ; 5° par les crises agricoles (traités de commerce, variations dans la hausse ou la baisse des eaux-de-vie des Charentes, pertes causées par le phylloxera).

Le rapport de M. Dubois porte, pour 1852, cent seize élèves dont 22 pensionnaires, 9 demi-pensionnaires, 53 externes libres, 32 externes des institutions.

Le tableau du nombre des élèves au moment de la rédaction du budget de l'année 1883-1884 indique :

	Internes	Externes	Total
Enseignement classique	54	81	135
Enseignement spécial	44	17	61
Enseignement primaire	2	38	40
	100	136	236

La comparaison du nombre des élèves de l'enseignement classique et de celui des élèves de l'enseignement spécial montre que depuis plusieurs années, le dernier va toujours en augmentant ; le nombre total des élèves restant cependant le même.

TABLEAU DU PERSONNEL

Directeurs de l'Ecole secondaire

1802 — 1806 .... MM. Jean Delafond.
1806 .... Jean Petit.

Principaux du Collège Communal

1808 — 1830 .... MM. Jean Petit.
1830 — 1834 .... Meynieu.
1834 — 1836 .... Laurent.
1836 — 1850 .... Moufflet.
1850 — 1854 .... Surrault (1).
1854 — 1863 .... Rousset (2).
Depuis le 15 septembre 1863, M. Chapsal.

Aumôniers

Le Principal, étant prêtre, avait été d'abord chargé du service religieux; plus tard un vicaire de la paroisse faisait les cours d'Instruction religieuse.

1825 — 1841 .... MM. l'abbé Coindreau.
1841 — 1864 .... Lacurie (3).

Suppléants : M. Mazières en 1861, M. Choisnard en 1862, M. Clanet en 1863.

---

(1) Né à Melle (Deux-Sèvres), en 1809, était venu au Collège de Saintes comme professeur en 1841, a été inspecteur d'Académie après 1854 et admis à la retraite en 1874.

(2) Né à Chatellerault (Vienne) en 1810, nommé en 1863 Principal du Collège de Rochefort; chevalier de la Légion d'honneur, officier de l'Instruction publique, actuellement conseiller d'arrondissement et adjoint de la ville de Rochefort.

(3) Lacurie (J.-L.), né à Saint-Jean le 22 Nivose an VII (1805), décédé à Saintes le 31 mars 1878. Président de la Commission des Arts et Monuments historiques ; a écrit de nombreux mémoires : Philippe le Bel et Bertrand de Got (1849) ; Manuel du jeune archéologue (1842); Notice sur le pays des Santons (1851) ; Histoire de l'Abbaye de Maillezais (1852). Voir l'abbé Lacurie par M. l'abbé Vallée, secrétaire de la Commission des Arts et Monuments historiques de la Charente-Inférieure, Saintes 1880.

1864 — 1872	MM.	l'abbé Laforie (1).
1872 — 1878		Julien Laferrière (2).
1878		Bourdé.

Depuis 1866, M. le pasteur Roufineau (3) est chargé de l'Instruction religieuse pour les élèves qui suivent le culte protestant.

1885. M. le pasteur Abel Roufineau fils, suppléant.

Professeurs de Philosophie

La chaire de philosophie est créée au Collège de Saintes en 1822 ; M. E. Gilbert, professeur de belles lettres, est nommé titulaire.

1822 — 1830	MM.	Gilbert (4).
1830 — 1832		Nourry.
1832 — 1842		Sigaud.
1839 —		Advinant, suppléant.
1842 — 1852		Eydoux (5).
1852 —		Gillot de Kerhardène (6)
1853 — 1863		Lacurie.
1861 —		Meusnier, suppléant.
1863 — 1867		Aussel.
1867 — 1877		Luguet (7).
1871 et 1872		Boirac, suppléant (8).
1874 —		Lechevalier, suppléant.
1877 — 1880		Boutard.
1880 — 1882		Perdrigeat.
1882 —		Müller.
1882 —		Noailles.

(1) Laforie, Théophile, né à Chérac le 21 décembre 1823, avait été professeur à Pons pendant treize ans, devint directeur de l'Institution St-Pierre de Saintes. Chanoine honoraire d'Amiens et de La Rochelle.

(2) Julien Laferrière, né à Paris (septembre 1838), ancien Président de la Commission des Arts et Monuments historiques de la Charente-Inférieure, continue sa grande publication (en collaboration avec M. Musset) *L'Art en Saintonge*. Chanoine titulaire de La Rochelle.

(3) A publié un grand nombre d'articles littéraires.

(4) Jacques-Emmanuel Gilbert fit partie du Conseil municipal, était adjoint de la ville en 1828; décédé le 30 janvier 1839.

(5) Etait docteur en médecine; thèses remarquées.

(6) A publié un Voyage en Terre Sainte.

(7) Henry Luguet, né au Château d'Oléron en 1833. Docteur ès lettres ; thèses : Essai d'analyse et de critique sur le Texte inédit *du Traité de l'Ame* de Jean de La Rochelle ; sur l'Espace et le Temps; actuellement professeur de philosophie à la Faculté des lettres de Clermont-Ferrand ; conseiller général de la Charente-Inférieure.

(8) Prix d'honneur du Concours général en 1870 ; agrégé de Philosophie ; actuellement professeur au Lycée Condorcet, Paris ; a publié des articles de littérature et de critique dans plusieurs Revues et journaux.

Professeurs de Sciences (Enseignement classique)

Années		Professeurs
1808	Un seul professeur.	MM. André Achard.
1811 — 1837		Joachim Petit.
1837 — 1839		Rafarin (1).
1839 — 1846		Guimberteaud (2).
1845	Deux professeurs.	MM. Guimberteaud, Lejeune.
1846		Leymarie (3), Lefébure (4)
1848		Id. Considérant.
1850		Id. Goumy.
1853	Trois professeurs.	MM. Leymarie, Goumy, Bailly.
1846 — 1861		MM. Leymarie.
1850 — 1855		Goumy.
1853 — 1877		Bailly (5).
1855 — 1871		Cucq.
1861 — 1864		Girard.
1864 — 1881		Xambeu (6).
Depuis 1877		Massot.
Depuis 1881		Aupaix, Darcourt.

Professeurs d'Histoire

L'enseignement de l'histoire était confié au professeur de la classe.

Une chaire spéciale d'histoire fut demandée en 1845 par le

(1) Fut nommé au Collège de Niort.

(2) Fut nommé au Lycée de Poitiers.

(3) Resta 15 ans à Saintes, homme savant et modeste.

(4) Fut nommé au lycée de Moulins et devint Inspecteur d'Académie. Docteur ès sciences mathématiques ; thèses soutenues le 13 juin 1853 : Sur le mouvement des sphères sur un plan ; sur le mouvement elliptique des astres. Officier de l'Instruction publique.

(5) Né à Figeac, est resté vingt-quatre ans à Saintes laissant le meilleur souvenir à ses nombreux élèves et à ses collègues, fut retenu à Paris pendant le siège de 1870-1871. Officier d'Académie.

(6) Xambeu, François, né à Prades [Pyrénées-Orientales] le 15 juin 1834, désigné par ses collègues en 1880 comme membre du conseil académique de Poitiers ; nommé Principal du Collège de Saint-Sever [annexe au Lycée de Mont-de-Marsan] ; élu le 12 mai 1884 membre du Conseil supérieur de l'Instruction publique ; mis à la retraite le 1er octobre 1884. Officier de l'Instruction publique, chevalier de l'ordre du Mérite agricole, a publié l'Histoire du Collège de Saint-Sever et plusieurs rapports et mémoires sur l'agronomie.

Bureau d'administration ; le premier titulaire est M. Marty (1846-1847).

1847 — …………	MM.	Auberge.
1848 — …………		Deverteuil.
1848 — …………		Pagnen.
1859 — …………		Dunan (1),
1850 — 1854…………		H. Feuilleret (2).
1854 — …………		Bonnaud (chargé du cours).
1855 — …………		Quris (3).
1868 — 1878…………		Texcier (4).
1878 — 1880…………		Bouvier (5).
1880 — …………		Roussel (chargé du cours).
1881 — 1883…………		Malige, chargé.
1883 — …………		Lauze.

Professeurs de Rhétorique

1808 — 1822 …………	MM.	E. Gilbert.
1811…………		Bardou, suppléant.
1822 — 1826…………		Journiac.
1826 — 1828…………		Chanlaire (6)
1828 — 1832…………		Lemarchand.
1832 — 1836…………		Advinant.
1836 — 1852…………		Pallu (7).

(1) Professeur plus tard à La Rochelle, Inspecteur d'Académie à Niort, à Cahors.

(2) A publié plusieurs mémoires : Taillebourg et Saint-Louis, 1851 ; Biographie Saintongeaise, 1853, et 2e édition, 1875, avec M. de Richemond.

(3) Quitta Saintes pour aller au Collège de Soissons.

(4) Agrégé des lettres, actuellement professeur de Rhétorique au Lycée de Rouen.

(5) Quitta Saintes pour aller commme délégué en Histoire au Lycée de Vanves, Paris.

(6) G. E. X. Chanlaire avait publié un grand nombre de pièces de vers dans le volume *Les Muses de la Saintonge*, imprimé à Saintes en 1823. Dans ce même volume se trouvent des poésies de Champlieux du docteur Viollaud, du chevalier de St-Légier, de Camille Giraudias et de Delcasso. Ces deux derniers avaient été attachés comme maîtres au Collège de Saintes. M. Delcasso était devenu professeur de faculté et était encore Recteur à Strasbourg en 1863. On trouve dans ce même volume des vers à M. Jupin, ancien Principal du Collège de Saintes, par le Dr Viollaud.

(7) Agrégé de l'Université, professeur à Angers ; à Saintes de 1824 à 1852.

1852 — 1855........	Laffont.
1855 — 1862........	Gouniot.
1862 — 1863........	Gruet.
Depuis juillet 1863..	Audiat (1).
1869....................	Thisse, suppléant.

Professeurs de Seconde

MM. Em. Gilbert, Jean Maigrier, B. Couturier, M. Brugère restèrent chargés de l'Enseignement littéraire à l'Ecole secondaire (1803-1808) et au Collège communal depuis 1808.

En 1813, M. Couturier est professeur de Seconde.

En 1824, M. Pallu était depuis quelque temps chargé de la classe de Seconde.

1824 — 1836........	MM. Pallu devenu titulaire.
1832 —	Caunes, suppléant.
1836 — 1846........	Termonia (2).
1846 — 1849........	Surrault.
1849 — 1853........	Laffont.
1853 — 1854........	F. Feuilleret.
1855 — 1856........	Favié.
1856 — 1869........	Bonnaud.
1869 —	Mailhe (3).
Depuis 1869........	Eckstein.

(1) Les nombreux travaux de M. Audiat nous autorisent à sortir de la règle ordinaire qui ne veut pas que l'on parle, dans l'histoire d'un Collège, des professeurs qui y sont toujours attachés.

M. Audiat, Louis, né le 3 avril 1832 dans le département de l'Allier, a été nommé professeur de troisième au Collège de Saintes en 1858 et professeur de Rhétorique en 1863. Bibliothécaire de la ville depuis 1866, il a montré le plus grand dévouement en 1871 pour la reconstitution de la Bibliothèque; il est fondateur et Président de la Société des Archives, dont les Bulletins ont été depuis longtemps remarqués; il a publié un grand nombre d'ouvrages, parmi lesquels : Périn de Cérilly; les Oubliés; Bernard Palissy [couronné par l'Académie française]; la Réforme et la Fronde en Bourbonnais; l'Epigraphie santone.....

(2) Né à Saintes le 18 juin 1785, décédé le 4 décembre 1871, était déjà professeur de grammaire au Collège de Saintes en 1813 où il est resté jusqu'au moment de sa mise à la retraite.

(3) Actuellement professeur au Collège Stanislas, à Paris.

Professeurs de Troisième

1825 — 1836	MM. Termonia.
1836 —	Frenet.
1837 — 1841	Justeau.
1841 — 1856	Surrault.
1846 — 1852	Meusnier.
1852 —	Duvaux (1).
1853 — 1856	Cassan.
1856 — 1858	Drouiteau (2).
1868 —	Eckstein, suppléant.
1858 — 1863	Audiat.
1863 —	Meusnier.
1863 — 1869	Nourrigeon.
1869 —	Batier.
1869 — 1871	Eon (3).
1871 — 1873	Thisse (4).
Depuis 1873	Boiffier.

Professeurs des classes de Français et d'Enseignement secondaire spécial

1836	MM. Baffoigne, Moreau (5).
1846	Dolivet (6), Moreau, Benureau.
1850	Ménard, Limouzain, Fraigne, Terrasse.

(1) Ancien élève de l'Ecole normale supérieure, fut nommé professeur au Lycée de Montpellier, puis à celui de Nancy. Député en 1875, Ministre de l'Instruction publique et des beaux-arts du 7 août 1882 au 21 février 1883, actuellement Député de la Meurthe-et-Moselle.

(2) A publié des Tableaux synoptiques sur la syntaxe grecque.

(3) Engagé volontaire au 100e régiment d'infanterie le 1er août 1870, décédé à Paris le 27 octobre 1870 pendant le siège.

(4) Professeur de Rhétorique au Collège de Rochefort en 1873; membre du conseil académique de Poitiers en 1880; actuellement principal du Collège de Saint-Jean-d'Angély.

(5) Moreau, Nicolas, né à Saintes le 6 décembre 1781, décédé le 21 septembre 1869, ancien élève de l'Ecole centrale, attaché au Collège de Saintes depuis 1813 comme maître de dessin et professeur dans les classes de français. Bibliothécaire de la ville de Saintes pendant cinquante ans, de 1816 à 1866; a publié plusieurs mémoires dans différentes revues, parmi ces mémoires : les Voies Romaines dans la Saintonge.

(6) A écrit une Tenue de Livres (1852), une Géographie de la Charente-Inférieure avec plans et dessins [1854].

1857 Vau-Goutte.

M. Rousset, principal, organise des classes commerciales et agricoles ; plusieurs cours de sciences et de littérature sont confiés aux professeurs de l'enseignement classique : MM. Leymarie, Quris, Bonnaud, Audiat.

1856 — 1866 MM. Inquimbert, profr de droit commercial (1).
1856 — 1884 Petit (2).
1859 Laurent.
1866 — 1869 Surrault fils (droit commercial).
1873 Targé.
1874 Lavoux.
1884 Gouron, Desvals.

Enseignement secondaire spécial

Les cours ont été organisés conformément aux instructions ministérielles de 1866, de 1872 et de 1884.

Classe préparatoire.......... M. Desvals ;
1re année.......... M. Targé ;
2e année.......... M. Laurent ;

Pour les 3e, 4e et 5e années :

Enseignement scientifique : MM. Lavoux, Gouron, Darcourt.
Enseignement littéraire.... : MM. les professeurs de philosophie, d'histoire, de littérature, de langues vivantes et de dessin.

Professeurs de langues vivantes

ANGLAIS

Le cours a été organisé en 1832.

(1) Ancien élève du Collège de Saintes, a obtenu plusieurs récompenses à la Faculté de Droit de Poitiers, docteur en droit, avocat à Saintes.

(2) [Victor-Adolphe], né au Château d'Oleron le 10 mai 1822 ; après sa sortie de l'Ecole normale de Poitiers fut nommé instituteur à Nieuil Saint-Sornin, plus tard au Collège de Saint-Jean ; est resté vingt-huit ans au Collège de Saintes ; mis à la retraite le 1er octobre 1884 ; officier de l'Instruction publique ; actuellement conseiller municipal de la ville de Saintes.

1832 — 1854...... MM. Perrinet (1).
1854 — 1877...... Pelletier.
1877 — 1878...... Raux.
Depuis 1878...... Poudensan.

ALLEMAND

Depuis 1854, époque où le cours a été organisé, M. Eckstein, agrégé d'Allemand, est resté titulaire.

Professeurs de quatrième

1813, MM. Termonia, Martinaud, chargés des classes de grammaire.
1825 — 1832...... MM. Blet.
1832 — 1835...... Béraud.
1835 — 1846...... Flornoy.
1846 — 1855...... Cassan.
1853............ Thenon (2).
1855 — 1863...... Nourrigeon.
1863 — 1877...... Pelletier (3).
Depuis 1877...... L. Chapsal.

Classe de Cinquième

1813............ MM. Termonia, Martinaud.
1825 — 1835...... Flornoy.
1835 — 1841...... Pontois.
1841 — 1846...... Cassan.

(1) Il avait été retenu après 1815 sur les pontons en Angleterre comme prisonnier de guerre.

(2) Ancien élève de l'Ecole normale supérieure, entra dans les Ordres et devint Directeur de l'Ecole des Carmes à Paris ; a publié : Agrégation de la Chapelle du Collège de Saintes à Notre-Dame-de-Lorette (Saintes, Chavignaud 1854.)

(3) Pelletier, Pierre-Antoine, né le 11 février 1808, à Saint-Pierre d'Oleron, entra dans l'Université le 19 octobre 1833 et fut nommé au Collège en 1836 où il est resté jusqu'au moment de sa mise à la retraite 1877. M. Pelletier est Président de la Société de Secours Mutuels qu'il a établie à Saintes le 1er février 1849; officier d'Académie en 1859; médaille d'argent 1869; médaille d'or 1884.

1843........................ Meusnier, suppléant.
1846 — 1855........... Nourrigeon.
1855 — 1863........... Pelletier.
1863 — 1869........... Eckstein.
1869 — 1872........... Lesueur.
1872 — 1873........... Boiffier.
1873 — 1875........... Joubert.
1875........................ Széléchowski (1).
1875........................ Joubert.

Classe de Sixième

1824 — 1829........... MM. Nourry.
1829 — 1831........... Jacomy.
1831 — 1833........... Pinaud.
1833 — 1836........... Dumarreau.
1836 — 1837........... Brila.
1837 — 1841........... Cassan.
1841 — 1846........... Nourrigeon (2).
1846 — 1855........... Pelletier.
1855 — 1868........... Laverny (3).
1868 — 1872........... Faget.
1872........................ Chapsal, Léon, suppléant.
1872 — 1877........... Torel.
Depuis 1877........... Monnier.

Classes Élémentaires

Les classes de septième et de huitième ont été quelquefois réunies, le plus souvent séparées.

(1) Devenu professeur de philosophie au Collège de Beauvais, nommé en 1882 membre du Conseil académique de Paris, actuellement Principal du Collège de Vitry-le-François.

(2) Ancien maître de pension, avait abandonné son Institution pour entrer au Collège où il fut professeur de 1841 à 1869 jusqu'au moment de sa mise à la retraite.

(3) Ancien élève du Collège de Saintes, où il est resté comme professeur de 1838 à 1868 ; appelé plusieurs fois à une classe supérieure, il voulut toujours conserver la sixième. Fonctionnaire modeste, dévoué, toujours bienveillant, il laissa à ses collègues le meilleur exemple.

1813, MM. Perrineau, Flornoy, chargés des classes élémentaires. — 1825, C. Giraudias. — 1827, Crochery. — 1828, Pinaud. — 1831, Venance, Baudin. — 1833, Bonnaud, Meyniel. — 1834, Lapeyre (1). — 1837, Rouillière, Droniteau. — 1838, Pelletier, Laverny. — 1845, Chevillot. — 1848, Mercier. — 1852, Capelle. — 1854, Eckstein. — 1858, Danède, Ollivier. — 1863, Boiffier. — 1868, Torel, Cnapsal. — 1869, Boulord. — 1872, Reif. — 1874, Péron. — 1879, Chéron.

Professeurs de Dessin

1813 — 1845 .... MM. Moreau.
1845 — 1864 .... Sotta.
1864 — 1881 .... Sotta, neveu.
1881 .... Del'Angelo.

Gymnastique

1868 .... MM. Julien, père,
1871 .... Ch. Julien, fils.

Exercices Militaires

Un adjudant ou un sergent du régiment en garnison à Saintes.

(1) A été Principal du Collège d'Auxerre.

SEPTIÈME PARTIE

LE BUREAU D'ADMINISTRATION

Lorsqu'il passa sous la direction des prêtres séculiers, le Collège de Saintes eut son Bureau d'administration conformément à l'édit de février 1763, qui avait réglé l'organisation des Collèges du Royaume, indépendants des Universités et conformément aux lettres patentes de 1764 et de 1766.

Les Archives municipales n'ont conservé avant le 1er août 1786 qu'un seul nom parmi les administrateurs, celui de M. Duchesne, premier échevin, nommé le 14 janvier 1771.

En 1786, le Bureau se composait de Mgr. Larochefoucauld, évêque de Saintes ; MM. Leberton, lieutenant-général; de Beaune, Président du Présidial : Faure, procureur du Roy ; Gaudriaud, maire ; Barbot et Gallocheau.

Des jetons de présence étaient accordés aux membres qui assistaient aux séances, (deux fois par mois) ; chaque jeton donnait droit à une indemnité ; le 4 novembre 1788, cinq cents jetons avaient été frappés. Ce jeton était une médaille d'argent de forme octogone pesant vingt-trois grammes ; sur la face était l'image de Louis XVI avec l'inscription *Ludovic. XVI, Rex Christianissimus* ; le revers montre une femme assise tenant de la main droite un sceptre et de la main gauche une balance ; une branche de laurier est à ses pieds et à sa droite une lampe posée sur un socle. La légende est : *Administratio Reg. Collegii Santonensis.* P. L. Larochefoucauld. Ep. Præses, 1786.

Les attributions du Bureau étaient importantes ; elles comprenaient le choix du Principal et des Régents, la gérance des biens et revenus de toute nature, l'approbation des dépenses, l'admission et le renvoi des élèves, la distribution des bourses, le réglement intérieur des études et de la discipline ; ses décisions étaient homologuées par le Parlement compétent.

Le Collège de Saintes possédait alors, en dehors des rétributions collégiales, un revenu de 40,000 livres.

La Révolution apporta de profonds changements dans l'organisation des Collèges et des Bureaux d'administration. Le 16 mars 1790, MM. Garnier et de Fonrémis sont choisis par la Municipalité pour faire partie du Bureau.

Le 8 février 1791, le Corps municipal de Saintes, conformément à la Constitution de 1790, prend la direction du Collège et nomme comme membres du Bureau :

MM. Robert de Rochecouste, maire ; Bernard, Président du Tribunal ; Boisnard, procureur de la Commune ; Landriaud, juge ; Lafaye ; Héard, avocat ; Goût, officier municipal ; Delaage, receveur des tailles.

Les ressources du Collège devinrent bientôt nulles par la vente des biens du clergé ; le Corps municipal manqua de prévoyance, il aurait pu acheter au profit du Collège les biens qui avaient été acquis par les Jésuites ; il n'aurait pas dû laisser perdre ainsi une ressource importante pour les intérêts intellectuels de la Commune.

Cette administration dura jusqu'au 15 avril 1794 et le Collège ne servit alors de refuge qu'à deux professeurs qui continuèrent à enseigner et restèrent jusqu'à l'installation de l'Ecole centrale (25 Frimaire an 6, décembre 1797).

La loi du 3 Brumaire an 4 avait réglé l'organisation des Ecoles centrales : un Conseil d'administration formé de trois membres était choisi au scrutin par les professeurs, il était renouvelé tous les ans, il se réunissait une fois par décade et était chargé de la direction des études et de la discipline.

Firent partie de ce conseil :

Pour l'an 7 .... MM. Forget, Lesueur, Jacquin.
Pour l'an 8 .... Forget, Delusse, Muraire.
Pour l'an 9 .... Meaume, Lesueur, Jacquin.
Pour l'an 10 .... Muraire, Forget, Delavaux.
Pour l'an 11 .... Vanderquand, Jacquin, Lesueur.

Des grands changements sont apportés par la loi du 11 Floréal an 10 (1er mai 1802) ; les Ecoles centrales doivent bientôt disparaître et seront remplacées par des Lycées et des écoles secondaires.

Un arrêté du 30 Frimaire an 11 (21 décembre 1802) donne aux Maires la surveillance générale des Ecoles secondaires sous l'autorité du sous-Préfet et du Préfet. Les recettes et dépenses de ces

Ecoles communales seront réglées comme les autres dépenses et revenus des communes par les Conseils municipaux.

Le décret de 1808 organisa l'Université impériale ; l'Etat centralisa tout : à lui appartiendront désormais la nomination des fonctionnaires et l'approbation des budgets : depuis cette époque, les Bureaux d'administrations n'existent que pour la forme surtout dans les Collèges communaux.

Le statut du 19 septembre 1809 avait déterminé la composition et le rôle de ces bureaux : ils seront composés du Maire, Président et de quatre membres pris parmi les pères de famille les plus considérés de la ville ; les fonctions du Bureau du Collège, est-il dit dans l'instruction du 27 juin 1810, embrassent l'administration, la discipline et la comptabilité de l'établissement. Le Bureau veille au progrès des études, au maintien de l'ordre, à la police des classes et du pensionnat ; il visite de temps en temps l'intérieur du Collège, pour s'assurer de la bonne tenue des élèves et de la qualité des aliments ; il propose la répartition des fonds accordés par la ville pour le soutien de l'Ecole : il veille à ce que les fonds résultant des bénéfices du pensionnat ou des rétributions des élèves soient employés suivant les dispositions prescrites ; il arrête chaque année le compte des recettes et dépenses et invite l'Administration communale à ajouter aux revenus du Collège lorsqu'ils se trouvent insuffisants. En cas de vacance d'une chaire, le Bureau peut désigner au Recteur les sujets qu'il croira le plus en état de la remplir ; il prend des délibérations, mais ces délibérations ne peuvent recevoir leur effet qu'autant qu'elles auront été approuvées par le Grand-Maître de l'Université, sur la proposition du Recteur, à qui elles doivent être d'abord transmises.

L'histoire d'un Collège devrait être écrite dans les comptes rendus des séances du Bureau d'administration ; malheureusement, les rapports annuels des Principaux n'y sont pas inscrits, les procès-verbaux manquent ou ne donnent que des indications sur les recettes et les dépenses de l'établissement, presque rien sur les événements importants qui se sont accomplis.

Dans les Lycées qui sont tous au compte de l'Etat, la situation est mieux établie ; l'Inspecteur d'Académie est là qui exerce son influence légitime même quelquefois pour la défense des fonctionnaires : avec les procès-verbaux des séances du Bureau d'administration, avec les cahiers du personnel régulièrement tenus, le registre de correspondance officielle, le livre d'entrée et de sortie des élèves, les bulletins et les listes pour la distribution des prix, on peut suivre les diverses transformations qu'a pu subir la maison, la part qu'elle a prise dans l'éducation intellectuelle du pays.

Et cependant, les archives n'y sont pas toujours tenues d'une manière continue ; l'on pourrait citer tels Lycées organisés depuis moins de trente ans où l'on n'a pas su conserver les registres des écoles qu'ils avaient remplacées ; peut-être l'Econome a-t-il trouvé que ces papiers étaient inutiles et les a mis bravement au rebut? Cela rapportait 14 sous à la caisse du Lycée.

Dans les Collèges en régie et dans ceux de plein exercice, la situation est à peu près la même que celle des petits Lycées.

Tout est bien différent dans les autres Collèges communaux : là, loin de toute tutelle administrative, le Principal régnait et règne en maître ; les administrateurs du Collège ne le gênent pas.

Les réunions du Bureau d'administration ont lieu deux fois par an, en novembre et en mai, quinze jours avant la session des Conseils académiques, car les budgets primitifs et les comptes de gestion doivent être vérifiés par ces Conseils avant d'être soumis au visa et à l'approbation de l'Administration centrale. Les membres de ces Bureaux ne viennent pas aux séances et ceux qui viennent n'ont pas étudié les questions qui leur sont soumises et ils signent le plus souvent un procès-verbal préparé d'avance.

Les Principaux se servent des Bureaux d'administration pour obtenir à leur profit une amélioration, une augmentation dans leur traitement ou dans le prix de la pension ; quelquefois ils provoquent un rapport pour signaler un professeur qui ne paraît pas assez soumis et dont le déplacement a été déjà refusé par M. le Recteur. Ce professeur n'a souvent commis d'autre faute que celle d'être en excellentes relations avec les membres influents de la cité, d'être accusé d'avoir écrit un article politique ou humoristique dans un des journaux de la localité, d'avoir déplu au Principal ou à quelqu'un de sa famille.

On a beaucoup crié contre ce despotisme; on a demandé une réforme dans ces derniers temps ; on a voulu l'abolition des rapports secrets, une détermination bien définie des heures de service, un classement régulier et bien établi dans un annuaire comme pour l'armée, pour la marine, pour les autres services de l'Etat.

Les Bureaux d'administration pourraient encore beaucoup s'ils tenaient à l'application de l'article 244 du statut du 4 septembre 1821, qui dit: « A la fin de chaque année scolaire, dans la quinzaine qui précède la distribution des prix, le Bureau entend ensemble ou séparément les divers fonctionnaires de l'établissement, reçoit leurs demandes, leurs observations et s'il y a lieu, leurs plaintes. Il dresse ensuite un rapport écrit sur l'administration, la discipline, les études et généralement sur l'état moral et économique du Collège. Un double de ce rapport est envoyé au Recteur qui donne aux différents objets la suite convenable. »

Le statut du 4 septembre 1821, en 244 articles, règle tout ce qui concerne la discipline et les études dans les Collèges.

Cette digression était inutile, surtout à propos du Collège de Saintes, car les listes et les notes suivantes nous montrent à quels hommes sérieux et importants était confié l'honneur de faire partie du Bureau d'administration.

Font partie de droit du Bureau d'administration les Maires de la ville de Saintes et les Sous-Préfets.

Liste des Maires depuis la constitution d'un Bureau d'Administration

Voir pour la liste des Maires de 1571 à 1789 (depuis la fondation du Collège), les Etudes, documents et extraits relatifs à la ville de Saintes, publiés par M. le baron Eschasseriaux.

1757 — 1789	MM. Armand-Guillaume Gaudriaud.
1789 — 1790	Jacques Garnier, avocat.
1790 — 1791	Théodore Robert de Rochecouste.
1791	Claude-Antoine Goût.
1792	Pierre-Hector Savary.
12 août 1792	Lesacque, Crugy, Mareschal, Gaudin, Cornillon, Etienne-Mathieu Faure.
1793	Louis Canolle, J.-B. Dravigny, Pierre Gillet, Jacques Savary dit Armoise, J. Joseph Brunet, officiers municipaux.
1794	Daniel Etienne Massiou, Lacoste Dulac, Hilaire, Savinien-Lavenne.

1795 .... François Fabre.
André-Antoine Bernard, président de l'Administration municipale.

1796 .... Vanderquand Eutrope, François Limal, Eutrope Arnauld.

1797 .... Pierre Petit, François Limal, Etienne Roux, Jérôme Charrier.

1798 — 1799 Pierre Chevalier, Achard aîné, Etienne Lemet, Pierre Coeffe.

1800 .... Jean-Elie Fleury.

1801 — 1811 Poitevin Mauléon.

1812 — 1815 Eschasseriaux.

1816 — 1829 Boscal de Réals de Mornac.

1830 — 1836 Lériget.

1837 — 1839 Descombes.

1839 .... 25 avril 1839. Lambert, maire provisoire.

1839 — 1843 baron Lemercier.

1843 .... Arsène Limal, maire provisoire.

1846 — 1847 Limal.

1847 .... F. Giraudias, fait fonction de maire.

1848 — 1849 Marc Arnaud.

1849 — 1870 Vacherie.

6 septembre 1870 — 8 avril 1871. Commission municipale : Geay Besse, Bargignac, Martineau, Lejeune, Guenon des Mesnards.

depuis 1871 — le comte Anatole Lemercier, (ont fait fonctions de maire pendant absences ou démission : MM. le comte de Clervaux; H. Baudry, avocat; Paul Brunaud, avoué.)

Liste des Sous-Préfets de l'arrondissement de Saintes

1810 — 11 juin .... MM. Angélier.

1816 — 10 février .... Loquet de Brossac.

1818 — 1er mai .... de Gigord.

1830 — 10 août .... Lohmeyer.

1830 — 15 décembre .... Blanc.

1833 — 4 février........ MM. Parran
1834 — 2 juillet........ de Tanlay.
1840 — 17 février........ Marcotte de Quivières.
1848 — 17 mars........ Bargignac.
1848 — 15 juillet........ Gautreau.
1849 — 24 janvier........ Ladreit de la Charrière.
1850 — 12 juillet........ Montois.
1852 — 19 juillet........ Boffinton.
1854 — 31 octobre........ Gros.
1858 — 10 avril........ Mercier.
1861 — 18 mai........ de Rochefort.
1863 — 23 février........ Pétignaud de Champagnac.
1868 — 23 octobre........ Souquières.
1870 — 5 septembre Chapron.
1873 — 25 mai........ Fontaine.
1873 — 19 décembre.. Remacle.
1875 — 5 mai........ Cte Beaupoil de St-Aulaire.
1876 — 5 juin........ Lagarde.
1877 — 10 juin........ De Lamberterie.
1877 — 30 décembre... De Montrémy.
1879 — 20 octobre........ Lebœuf.
1881 — 21 novembre.. Mengarduque.
1884 — 2 octobre........ Louvel.

Le Registre des délibérations du Bureau d'administration, le seul qui reste aux archives du Collège, porte les noms suivants des membres qui ont été nommés ou qui ont signé aux procès-verbaux :

7 Frimaire an 12 — Novembre 1803........ Guillemardet, préfet de la Charente-Inférieure ; Poitevin Moléon, maire de la ville de Saintes ; Baudry, commissaire du gouvernement près le tribunal de 1re instance ; Brejeon, membre du Conseil municipal ; Chesnier Duchesne, membre du Conseil municipal ; Bregeon La Martinière, juge de paix du canton nord de Saintes ; Riquet, juge de paix du canton sud de Saintes.

18 Prairial an 12 — Juin 1804........ Boichot, f. f. de préfet.
14 Brumaire an 13 — Novembre 1804. Delafond Dr de l'Ecole.
6 Thermidor an 13 — Juillet 1805........ Roy, f. f. de préfet.
6 Fructidor an 13 — Août 1805........ Rondeau, secrétaire.

18 Brumaire an 14 — Novembre 1805... Eschasseriaux.
27 Novembre 1808 — Briault, président.
13 Décembre 1810 — Lespin, inspect. d'Académie en tournée.
13 Avril 1811.......... — Baudry, procureur impérial.
20 Février 1820........ — d'Abzac, de Chièvres ; Moreau ancien professeur.
12 Mars 1833.......... — Lériget, maire ; Viauld, médecin.
8 Juillet 1834......... — Savary Hector.
12 Mars 1835.......... — Tortat.
15 Juin 1835.......... — Ledrut, Inspecteur d'Académie.
28 Mars 1836.......... — Grivet, inspecteur d'Académie.
28 Mai 1843.......... — Emile Giraudias avocat, f. f. de maire.
8 Août 1844.......... — Limal, maire ; Réveillaud, curé de St-Pierre ; Rousset ; vice-président du tribunal civil ; Bouyer, docteur médecin ; Viauld, docteur médecin.
2 Mai 1849.......... — Vacherie, maire ; Savary, président du tribunal ; Forestier, ingénieur des Ponts et chaussées ; Viauld ; Bouyer ; Charrier, juge de paix.
23 Avril 1858.......... — Bonnet, archiprêtre, curé de St-Pierre ; Ruck, inspecteur d'Académie, en tournée.
23 Avril 1862.......... — Mareschal, maire par intérim ; Sorin Dessources, procureur impérial ; Geay Besse, président du tribunal de commerce.
7 Juin 1871.......... — Rousset, président du tribunal civil.
16 Mai 1866.......... — Bargignac, adjoint.
15 Mai 1877.......... — Comte de Clervaux, adjoint.
17 Mai 1878.......... — Poitiers, adjoint ; Dumontet, avoué.
29 Octobre 1880...... — Baudry Hippolyte, adjoint ; Bernard, président du tribunal.
1er Mai 1884.......... — Frédéric Mestreau, député.

Les présidents pour la distribution des prix sont généralement pris parmi les membres du bureau d'administration.

NOTES DE LA SEPTIÈME PARTIE

Extrait du registre des délibérations du bureau du collège de Saintes du 1er août 1786 au 15 décembre 1793.

Archives de la Charente-Inférieure D. 6, travée 7.

Voir notes de la quatrième partie.

La loi du 1er mars 1802 avait supprimé les Ecoles centrales et établissait les Lycées et les Ecoles secondaires communales. Dès le 7 Frimaire an 12, (28 novembre 1803), le Bureau d'administration de l'Ecole de Saintes, est constitué de la manière suivante :

MM. Guillemardet, Préfet de la Charente-Inférieure; Poitevin, Moléon, Maire de la ville de Saintes ; Baudry, Commissaire du Gouvernement, près le Tribunal de 1re instance ; Brejeon, Chesnier Duchesne, membres du Conseil municipal ; Bregeon La Martinière, juge de paix du canton nord de Saintes ; Riquet, juge de paix du canton sud de Saintes.

Le Registre actuel du Bureau d'administration du Collège de Saintes, fournit les notes suivantes :

7 *Frimaire an* 12. Novembre 1803.— Les citoyens Jean Delafond et François Castagnary sont présentés conformément à l'article 4 de l'arrêté du 19 Vendémiaire an 12, comme directeurs de l'Ecole secondaire.

25 *Nivose an* 12. Janvier 1804. — Notification de l'arrêté ministériel, en date du 16 Nivose, qui nomme le citoyen Delafond, directeur. Le Bureau présente :

Pour la classe de belles lettres : MM. Emmanuel Gilbert, homme de loi et François Deschamps.

Pour la 1re et 2e classes latines : MM. François Maigrier, prêtre et Etienne Laverny.

Pour la 3e et 4e classes latines : MM. Alexandre Bouyer et Jean Brugères.

Pour la 5e et 6e classes latines : MM. Barthélemy Couturier et Etienne Askó.

Pour la 3e et 4e [sciences] : MM. Lesueur et Jean Bonnerot, prêtre.

Pour la 5e et 6e [mathématiques] : MM. Achard et François Duret, prêtre.

19 *Pluviose an* 12. Février 1804. — Le Bureau fixe les traitements des professeurs et les taux de la rétribution collégiale : les traitements varient de 800 à 1,200 fr. ; le prix de la pension des internes est fixé à 506 fr. ; celui des externes à 60 fr.

18 *Prairial an* 12. Juin 1804. — MM. Gilbert, Maigrier, Bouyer, Couturier, Lesueur et Achard ont été nommés professeurs par le Ministre de l'Intérieur.

14 *Brumaire an* 13. Novembre 1804. — Démission de M. Bouyer ; proposition d'avancement pour M. Couturier ; présentation de François Duret, Jean Brugères et François Périneau, prêtre ; nécessité d'un adjoint pour la 5e et 6e classes.

13 *Pluviose an* 13. Février 1805. — Les traitements des professeurs sont élevés et portés à 1,000, 1,200 et 1,500 fr. pour les classes supérieures.

6 *Thermidor an* 13. Juillet. — M. Lesueur, professeur de mathématiques, étant nommé professeur de navigation au port de Roche-

fort, le Bureau présente pour le remplacer, M. de l'Herse, ancien officier d'artillerie.

6 *Fructidor an* 13-1805. — M. de l'Herse propose des conditions que le Bureau ne peut pas accepter. M. Achard néglige son service. M. Petit, professeur à l'Ecole secondaire de Bergerac, est désigné comme professeur de sciences à Saintes.

Novembre 1805.— Le rapport contre M. Achard porte : « le nombre d'écoliers qu'il a chez lui ne lui permet pas de se livrer entièrement à l'enseignement public dans l'Ecole. » Protestation de M. Achard.

10 *Juillet* 1806. — Démission de M. Delafond. Le Bureau présente pour la place de Directeur MM. Maigrier et Bonnerot.

31 *Juillet* 1806.—M. Maigrier n'accepte pas la direction de l'Ecole. Présentation de M. Jean Petit comme Directeur.

4 *Décembre* 1806.—Démission de M. Maigrier ; demande d'un second professeur de sciences ; présentation de M. Bonnerot.

30 *Mai* 1807.—Départ de M. Maigrier. MM. Couturier Barthélemy et Astres Etienne sont présentés pour la 1re et 2e ; MM. George d'Hières et Jean Bonnerot pour la 3e et la 4e.

Le Registre ne porte rien pour les quatre années qui suivent ; une nouvelle organisation a été établie par décret impérial du 17 Mars 1808 : le Bureau d'administration a perdu tous ses privilèges.

10 *Mai* 1811. — M. Bardou, ancien principal du Collège de Civray, est nommé suppléant de M. Gilbert. Les élèves Henri Niox, Gustave St-Maurice, Mathieu Roy, Lambert Bouyer, Théodore Petit, Hector Savary sont désignés pour le concours aux Bourses crées au Lycée de Poitiers, en faveur de la commune de Saintes.

7 *Juin* 1813. — Modifications apportées aux différents cours et aux heures de classe.

Aucun procès-verbal des réunions du Bureau d'administration n'a été inscrit au Registre depuis le 7 Juin 1813 jusqu'au 14 Juillet 1821.

14 *Juillet* 1821. — Demande d'une chaire de philosophie.

11 *Novembre* 1821.— Règlement pour certains cours. Vœu exprimé par le Bureau pour le rétablissement en fin d'année des exercices publics.

8 *Août* 1822. — Délibérations du Bureau qui porte : « M. Gilbert qui ne savait pas le grec a été nommé en philosophie. M. Journiac, qui ne sait pas le grec, ne peut pas faire avec succès la classe de Rhétorique... » Le Bureau demande le départ de ce dernier.

Rien d'important jusqu'au 12 Mars 1833 : le Bureau d'administration n'existait pour ainsi dire que de nom.

En 1830 M. l'abbé Jean Petit avait été remplacé par M. Meynieu.

12 *Mars* 1833. — Le Conseil municipal demande que le Principal du Collège admette parmi les élèves internes deux élèves gratuits, conformément aux articles 11, 12 et 13 de la loi du 10 vendémiaire an 12 (un élève gratuit par vingt-cinq pensionnaires).

8 *Juillet* 1834. — Réclamation de MM. les Régents qui ne sont pas payés depuis le 1er Janvier. Désaccord entre le principal et l'administration municipale. Rapport au Ministre de l'Instruction publique.

6 *Septembre* 1834. -- Plainte contre M. Sigaud, professeur de philosophie, qui s'est permis de protester en pleine distribution des prix contre l'injustice du Principal.

2 *Octobre* 1834. — Installation de M. Laurent, Principal nommé le 20 septembre en remplacement de M. Meynieu.

Traité avec le nouveau Principal. — Règlement. -- Nouveaux cours établis : langue anglaise ; aumônier. Etat des traitements des professeurs (1,500 fr., 1,200 fr., 1,000 fr., 800 fr.). — Dépenses évaluées à 12,800 fr. — Recettes présumées, 12,800 fr. (rétribution de 112 externes, 6,720 fr.; subvention de la ville, 6,080 fr.)

12 *Mars* 1835. — Rapport de M. le Principal sur le personnel, les études, la discipline. Tableau du personnel : Le collège compte 146 élèves dont 50 pensionnaires. Parmi les élèves à signaler sont, dans les classes élémentaires : Bargignac, Desmaries, Bureau, Casperine, Augereau, Charron, Maillietard, Z. Lacroix, Penard, Guédon ; en cinquième : Patoureux, Verneuil, Dubellay, Bourron ; en quatrième : Candolle, Brissonneau, Maillard ; en troisième : Nourry, Bouffard, Seguinaud, Puypéroux; en seconde : Prouhet, Bisseuil, Gautret, Barraud; en rhétorique : De la Sauzaye, Brémond, Dumontet, Voy, Beaupoil Saint-Aulaire ; en philosophie : Gillebert.

12 *Mai* 1835. — Suppression en faveur du Collège de Saintes des bourses entretenues au Collège de Poitiers et payées par la ville de Saintes.

Le registre d'entrée et de sortie des élèves du Lycée de Poitiers porte les noms suivants des élèves boursiers.

Noms des élèves	Date de l'admission	Date de la sortie
De St-Exupéry, Alphonse.	15 Mars 1809.	1er Janvier 1813.
Faurés, Jean-Baptiste. . .	21 Frimaire an 14.	1er avril 1813.
Grenier, François. . . .	Id.	1er Mai 1813.
Guilllet des Grois, Auguste	Id.	1er Février 1813.
Martineaud, Jean-Baptiste.	29 Mai 1809.	Décédé en déc. 1813
Savary, Hector.	1er Février 1813.	1er Juillet 1815.
Bouyer, Lambert. . . .	1er Mars 1813.	1er Juillet 1815.
Barberac de St-Maurice, G.	1er Octobre 1812.	1er Octobre 1814.
Luraxe, Louis.	1er Décembre 1814.	1er Octobre 1819.
Bonnain, Nicolas-Armand.	1er Avril 1816.	1er Octobre 1821.
Arnaud, Jean-Victor. . .	Id.	1er Octobre 1820.
Viaud, Jean-Baptiste-Léon.	1er Novembre 1819.	1er Octobre 1823.
Proutière, Eugène. . . .	1er Janvier 1821.	1er Octobre 1825.
Boyer, Thomas-Elphége. .	1er Février 1824.	30 Septembre 1830.
Petit, Georges.	1er Mars 1827.	Id.

15 *Juin* 1835. — Sur l'uniforme des élèves. — Suppression des armes.

21 *Novembre* 1835. — Observations relatives aux leçons particulières données par les professeurs. Voir à ce sujet : article 101 du Décret organique du 17 Mars 1808 ; arrêtés du 18 janvier 1811, du 25 octobre 1815 ; circulaire du 2 Novembre 1815. Une école primaire supérieure est annexée au Collège, conformément à la loi du 28 Juin 1833.

10 *Décembre* 1835. — Une classe de dessin est organisée au collège.

29 *Mars* 1836. — Rapport du Principal : « Les pensionnaires dès l'age de 15 ans désertent les classes ; la faute en est aux parents trop indulgents.... » Le maire de Saintes, M. Lériget, adresse une allocution aux élèves et proclame les noms des lauréats pour les prix d'excellence.

28 *Mai* 1836. — Rapport sur le cabinet de physique : beaucoup d'instruments manquent, d'autres doivent être réparés.

15 *Octobre* 1836. — Installation de M. Moufflet, nommé le 30 Septembre principal du Collège de Saintes. La première demande du nouveau principal est celle d'un aumônier attaché à l'établissement.

10 *Septembre* 1838. — M. l'abbé Lacurie est nommé aumônier. Demande d'une seconde chaire de sciences. L'Ecole primaire supérieure communale sera annexée au Collège.

13 *Février* 1842. — Nouvelle organisation pour l'Ecole primaire supérieure. Nécessité d'un professeur de chant.

20 *Février* 1842. — Budget : 47 pensionnaires, 138 externes ; 16 professeurs dont le traitement varie de 800 fr. à 1500 fr. Dépenses présumées 19450 fr. Recettes 9085 fr. Subvention de la ville 10365 fr.

26 *Novembre* 1842. — Plaintes de M. Moufflet : les chefs d'institution de la ville font une concurrence qui nuit à l'internat. Le nombre des élèves augmente, mais celui des pensionnaires diminue. Depuis trois ans la ville de Saintes est en instance pour obtenir un Collège royal.

28 *Mai* 1843. — Demande d'une chaire d'histoire.

16 *Mars* 1844. — Rapport de M. le Principal. On y lit : Angoulême possède un Collège royal depuis quelques années, La Rochelle vient d'obtenir un Collège royal. A Saintes le personnel est bon ; le matériel est en mauvais état, une dépense de 20000 fr. pour le matériel est nécessaire. Le traitement des professeurs devrait être augmenté.

27 *Avril* 1844. — Budget : Traitements 18150 fr. ; Ecole primaire 3130 fr. ; dépenses diverses 2356 fr. Total 23630 fr. Subvention de la ville 13675 fr. Le principal Moufflet, expose sa situation déplorable au point de vue financier.

6 *Mai* 1845. — Budget. Dépenses 24790 fr. Subvention de la ville 14100 fr.

6 *Avril* 1846. — Le principal Moufflet se plaint et demande un traitement personnel.

1er *Mai* 1846. — Budget. Dépenses présumées 22970 fr.

4 *Mai* 1847. — Budget. Dépenses 25730 fr. Part de la ville 16795 fr.

1er *Mai* 1848. — Budget. Dépenses 25930 fr. Part de la ville dans la dépense 17945 fr.

3 *Juin* 1849. — Rapport de M. le Principal contre M. Considérant, professeur de mathématiques, qui a blâmé l'expédition de Rome, et qui s'occupe de politique......

7 *Juin* 1850. — Rapport au sujet des élèves qui fréquentent les institutions libres. M. l'abbé Dubreuilh chef d'institution, n'envoie que ses meilleurs élèves qui obtiennent tous les prix.

30 *Juillet* 1850. — Lettre de M. le Ministre de l'Instruction publique à M. le Recteur de l'Académie de Poitiers communiquée aux membres du Bureau d'administration du Collège :

« Le 14 juin dernier, vous m'avez transmis une délibération prise » par le Bureau d'administration du Collège de Saintes et ayant pour » objet de réglementer l'admission dans les classes du Collège des » élèves externes appartenant à des établissements libres. Cette dé» libération a été examinée par le Conseil de l'Université.

» Le Conseil, dans sa séance du 28 juin 1850, a reconnu qu'au» cune disposition de la loi du 15 mars 1850 n'interdit aux Bureaux » d'administration de faire avec les chefs d'établissements libres des » contrats librement consentis ; que, dans l'espèce, il y avait lieu de » maintenir les principes posés par le Bureau d'administration du » Collège de Saintes.

» J'ai approuvé ses conclusions.

» En conséquence, les chefs d'établissements libres, désirant faire » suivre à leurs élèves le cours du Collège de Saintes, devront dé» clarer au Bureau d'administration quelle est la classe à partir de » laquelle ils ont l'intention d'envoyer leurs élèves au Collège. Ils » prendront l'engagement de ne donner l'enseignement dans leurs » établissements à aucun élève en état de suivre soit la classe indi» quée comme point de départ, soit chacune des classes supérieu-

» res jusqu'à la philosophie inclusivement, sauf dans quelques cas » particuliers dont l'appréciation appartiendra au Bureau.

» Vous voudrez bien notifier cette décision à qui de droit. »

M. le Principal dit dans cette séance du 30 juillet 1850 que l'avenir du Collège est menacé.

29 *Janvier* 1851. — Traité avec le nouveau Principal M. Surrault, qui a remplacé M. Mouffiet. Budget : dépenses 25,050 fr. Subvention de la ville, 18,050 fr.

8 *Mai* 1852. — Budget : dépenses 25,450 fr. Subvention de la ville, 17,650 fr.

Demande d'un professeur de langue allemande. Nécessité d'un troisième professeur de sciences.

11 *Mai* 1853. — Budget : dépenses 25,000 fr. Subvention 18,450 francs.

Le Bureau d'administration demande que la chaire d'histoire soit payée par l'Etat.

Rapport du Principal ; causes de la décadence du Collège : scission avec la maison Dubreuilh ; accroissement de l'Ecole communale, de l'Ecole de Frères ; cours d'adultes ; liberté de l'enseignement secondaire ; la loi du 15 mars 1850 ; sept maisons ecclésiastiques secondaires sont établies dans le département ; le nouveau plan d'études exige un personnel plus complet pour l'enseignement scientifique.

29 *Novembre* 1853. — M. Duvaux, régent de troisième est nommé au Lycée de Montpellier ; M. Cassan, en troisième ; M. Thenon, de l'Ecole normale, en quatrième.

A partir de cette époque le Registre ne porte guère que les procès-verbaux des séances où se discutaient le compte administratif du Collège et le budget pour l'année suivante. Le tableau ci-joint indique surtout la subvention annuelle payée par la ville. Cette subvention est la différence entre les dépenses totales et les recettes effectuées.

Dates des réunions du Bureau d'administration	Budget des dépenses	Subvention de la ville
20 mai 1854.	25,200f »»	18,100f »»
20 mai 1855.	24,729 71	17,335 »»
8 mai 1856.	23,800 »»	17,910 »»
27 avril 1857.	22,357 20	18,215 »»
23 avril 1858.	23,899 40	17,966 40
29 avril 1859.	24,401 01	18,699 01
1er mai 1860.	25,550 »»	18,305 »»
25 avril 1861.	25,550 »»	14,790 »»
23 avril 1862.	26,350 »»	21,060 »»
27 avril 1863.	26,350 »»	20,590 »»
13 mai 1864.	26,660 »»	19,670 »»
9 mai 1865.	26,610 »»	18,515 »»
18 mai 1866.	28,010 »»	19,010 »»
17 mai 1867.	27,259 07	20,884 87
8 juin 1868.	31,910 »»	18,475 »»
7 juin 1869.	32,700 »»	19,085 »»
13 mai 1870.	33,700 »»	19,150 »»
23 juin 1871.	33,500 »»	20,515 »»
7 juin 1872.	34,800 »»	21,250 »»
14 mai 1873.	36,000 »»	23,250 »»

Dates des réunions du Bureau d'administration	Budget des dépenses	Subvention de la ville
12 mai 1874.	37,100 »»	25,105 »»
21 mai 1875.	36,900 »»	24,200 »»
16 mai 1876.	36,700 »»	24,970 »»
15 mai 1877.	39,500 »»	25,400 »»
17 mai 1878.	39,450 »»	24,900 »»
15 mai 1879.	39,600 »»	24,800 »»
12 mai 1880.	40,800 »»	24,000 »»
24 mai 1881.	42,800 »»	24,580 »»
12 mai 1882.	43,300 »»	21,030 »»
14 mai 1883.	43,800 »»	21,560 »»
16 mai 1884.	45,300 »»	23,350 »»
10 mai 1885.	44,325 »» (1)	24,445 »»

Les dépenses portées sont celles pour l'année suivante.

Le compte de gestion donne quelquefois d'autres nombres, mais la différence est très petite.

Un arrêté ministériel du 30 décembre 1863 accorde 1,800 fr. pour la chaire d'histoire.

En 1880 l'Etat accorde à la Ville une subvention annuelle de 2,000 francs et donne un supplément de 300 fr. à tous les licenciés.

Le 4 janvier 1881 un arrêté ministériel a classé les professeurs et régularisé leur situation. L'Etat se charge des traitements complémentaires : la somme afférente à l'Etat pour le Collège de Saintes est de 10,300 fr.

En 1855 l'Etat accorde une subvention de 900 fr. pour la nouvelle chaire 4e et 5e années de l'Enseignement spécial.

8 *Mai* 1856. — Demande d'annexer au Collège une Ecole primaire supérieure.

13 *Novembre* 1858. — Le Bureau examine les raisons des difficultés survenues entre M. le Principal et M. Amouroux, chef d'institution. Ce dernier n'envoie que ses élèves à partir de la classe de 3e.

1er *Mai* 1859. — Demande d'un traitement éventuel pour MM. les Professeurs.

13 *Juillet* 1861. — Le départ de M. Lacurie qui était à la fois aumônier et professeur de philosophie amènera une dépense nouvelle ; les deux fonctions doivent être séparées.

10 *Novembre* 1865. — L'organisation des cours de l'Enseignement spécial est devenue indispensable ; M. Inquimbert, avocat, professeur de droit commercial depuis quatre ans, demande à être remplacé.

18 *Janvier* 1866. — Rapport de M. Charrier sur le Collège. Ce rapport contient quelques renseignements sur l'histoire du Collège, des appréciations personnelles sur l'ancien établissement, sur l'Ecole centrale, sur le Collège communal, un projet d'organisation provisoire pour l'enseignement spécial au Collège de Saintes.

17 *Mai* 1867. — L'éventuel des professeurs établi le 18 juin 1859 est modifié ; les professeurs, qui touchaient le produit total de la capitation, n'auront que les trois cinquièmes.

20 *Mars* 1868. — Demande de M. le Principal d'une indemnité de 600 francs.

11 *Octobre* 1871. — Réorganisation des cours de sciences: de-

(1) Si à cette somme de 44,325 fr., on ajoute 14,000 fr. pour traitements complémentaires payés par l'Etat, on a la dépense totale de 58,325 fr.

mande d'un professeur de sciences physiques et naturelles pour l'enseignement spécial.

7 *Juin* 1872. — Rapport de M. Xambeu, professeur de physique, sur l'organisation d'un laboratoire de chimie. Sur la demande de M. le Principal, le Bureau règle le prix de l'internat et de la rétribution collégiale.

14 *Mai* 1873. — Traité de la Ville avec le Principal, en date du 31 août 1872.

12 *Mai* 1874. — Le Bureau examine les demandes de M. le Principal, de M. Lavoux et des professeurs de grammaire : le Bureau réclame une subvention de l'Etat.

15 *Mai* 1877. — Création d'une chaire spéciale d'anglais : M. Pelletier, professeur de quatrième et d'anglais a été mis à la retraite ; réorganisation des cours de dessin ; demande d'un surveillant général ; un cours de sténographie serait utile aux élèves ; augmentation du traitement des professeurs licenciés ; réparation aux bâtiments du Collège.

8 *Octobre* 1878. — M. le Principal Chapsal vient d'être mis à la retraite par arrêté ministériel du 4 octobre 1878 et est remplacé par M. Avenier de la Grée, principal du Collège d'Aurillac; M. Chapsal n'avait rien demandé et il désire rester : le Bureau d'administration proteste contre l'arrêté ministériel ; M. le Préfet de la Charente-Inférieure, Lagarde écrit au Ministre ; M. Dufaure, Président du Conseil des Ministres, agit auprès de M. Bardoux, Ministre de l'Instruction publique ; le 9 octobre 1878, M. Chapsal est réintégré.

29 *Octobre* 1880. — Création d'une nouvelle chaire de mathématique. L'élève Brasart a été reçu le premier à l'Ecole militaire de Saint-Cyr.

12 *Mai* 1882. — Traitement du professeur de physique : M. Xambeu a été nommé le 20 octobre 1881, principal du Collège de Saint-Sever. Travaux d'agrandissement du Collège ; achat de la maison Deval ; aménagements intérieurs ; transformation de l'ancien parloir en classe ; ouverture d'un ancien escalier qui communiquait autrefois avec la rue de l'Evêché. La dépense totale a été de 70,000 francs, dont 30,000 ont été payés par l'Etat, et 40,000 par la Ville.

11 *Mai* 1883. — Rapport de M. le Principal. Une épidémie de fièvre typhoïde a sévi à Saintes ; le Collège n'a pas été épargné, il comptait 140 pensionnaires ou demi-pensionnaires et 142 externes ; M. Vanderquand était médecin ; M. le Sous-Préfet Mengarduque convoque le Bureau d'administration le 15 novembre 1882 ; le Conseil d'hygiène donne son avis ; nouvelle réunion du Bureau ; le 25 novembre, le Collège fut licencié ; la rentrée eut lieu le 10 janvier 1883 ; neuf élèves avaient succombé ; le 1er avril, le Collège comptait 260 élèves dont 115 internes.

16 *Mai* 1884. — Rapport du budget présenté au Conseil municipal, par M. Xambeu ; une nouvelle chaire pour l'enseignement spécial est devenue nécessaire conformément aux nouveaux programmes ; demande d'une subvention pour cette chaire.

Copie du Budget des dépenses et recettes pour l'année 1886

FONCTIONS	Nom du titulaire actuel ou du chargé de cours, 1er janvier 1886	Traitement fixe payé par la ville	Traitement payé par l'État relatif à la classe du titulaire	Traitement éventuel payé par la ville	Traitement payé par l'État pour heures supplémentaires	TOTAUX
Administration						
Principal	C. Chapsal	»	»	»	»	
Aumônier catholique	L'abbé Bourdé	1600 f.	»	200	»	1800 f.
Aumônier protestant	Roufflneau	300	»	»	»	300
Surveillant général	E. Chapsal	800	»	»	»	800
Professeurs de l'Enseignement classique						
Mathématiques (1er cours)	Massot	2200	800	200	»	3200
Mathématiques (2e cours)	Darcourt	1800	300	200	»	2300
Physique	Aupaix	2100	500	200	200	3000
Philosophie	Noailles	1800	300	200		2300
Histoire	Lauze	»	1900	200		
Rhétorique	Audiat	1800	1000	200		3000
Seconde	Eckstein	1700	1300	200		2300 + 900
Troisième	Boiffler	1700	800	200		2700 + 500
Langues vivantes (allemand)	Eckstein	1400				
Langues vivantes (anglais)	Poudensan	1600	500	200		2300
Quatrième	L. Chapsal	1700	600	200		2500
Cinquième	Joubert	1600	700	200		2500
Sixième	Monnier	1600	700	200		2500
Septième	Reif	1500	400	200		2200
Huitième	Chéron	1600	400	200		2200
Professeurs de l'Enseignement spécial						
4e et 5e années (sciences)	Gouron	1000	900	200		2100 + 500
2e et 3e années (lettres)	Laurent	1800	500	200		2300
2e et 3e années (sciences)	Desvals	400				1600
Physique et sciences naturelles	Lavoux	1600	500	200	300	2600 + 200
1re année (lettres et sciences)	Targé	1600	200	200		2000
Classe préparatoire	Desvals	»	700			
Histoire et Législation	Lauze	400				
Morale et Litterature	»	200				800
Dessin	Dell'Angelo	800				800
Gymnastique	Julien	700				
Exercices militaires		200				
Enseignement primaire						
Maîtres	Farraud	600				
Maître adjoint		500				
Chargé de l'École enfantine	Mlle Cassan	700	500			12[illegible]
6 Maîtres d'études	2 maîtres sont payés au budget	1200				
		38600 f.	13500 f.	3800 f.	500 f.	

Le traitement pour l'allemand est partagé entre M. Eckstein qui reçoit 900 fr. et M. Boiffier qui reçoit 500 fr., par suite le traitement le plus élevé est celui de M. Eckstein et se trouve égal à 4,100 francs.

Le Principal d'un Collège qui tient le pensionnat à son compte et qui ne reçoit aucun traitement de la ville paye une retenue pour la retraite calculée sur le traitement du Régent le mieux rétribué, évalué à un quart en sus, d'après le Règlement général sur la comptabilité du 11 novembre 1826 ; par suite M. C. Chapsal subit une retenue sur un traitement fictif de 5,125 francs.

La chaire d'histoire est payée par l'Etat.

En dehors de ces comptes, la ville reçoit de l'Etat une subvention de 2,000 francs.

Tous les maîtres d'étude sont payés par le Principal ; la somme de 1,200 francs portée pour deux maîtres rentre dans les recettes.

L'Ecole primaire est au compte du Principal qui paye à la ville les traitements des maîtres 1,100 francs.

La ville paye en outre une somme de 1,025 fr. dont 300 fr. pour réparations urgentes, 825 fr. pour la distribution des prix, 800 fr. pour le matériel scientifique (cabinet de physique et collections d'histoire naturelle).

RÉCAPITULATION DU BUDGET DES DÉPENSES PRÉSUMÉES :

Chapitre 1er.—Enseignement classique et spécial, traitements garantis par la ville			40,600 fr.
Chapitre 2e.—Dépenses diverses			1,925
Chapitre 3e.—Classes primaires			1,800
Chapitre 4e—L'Etat paye les	Traitements complémentaires....	10,800	14,600
	Pour la chaire d'histoire........	1,800	
	Pour la chaire 4e Enseig. spécial.	900	
	Pour l'Ecole enfantine..........	500	
			58,325 fr.

RECETTES

La rétribution collégiale à la charge des pensionnaires est de 65 fr. pour les grands, 60 fr. pour les moyens, 55 fr. pour les petits.

Les frais d'étude des externes varient de 120 fr. à 100 et à 80 pour l'enseignement classique ; de 100 fr. à 85 fr. et à 75 fr. pour l'enseignement spécial ; de 75 fr. à 50 pour les classes primaire et enfantine.

NOMBRE DES ÉLÈVES ET RÉPARTITION :

Boursiers de l'Etat..	8	120	Enseignement classiq.	64 int.	76 ext.
Pensionnaires libres	92		Enseignement spécial	46 —	18 —
Demi-pensionnaires.	20		Enseignem. primaire.	10 —	16 —
Externes payants....	127	145	Classe enfantine.......	»	35
Externes gratuits....	18			120	145
Total........		265		265	

12 internes de l'enseignement classique	à 65f	780f	6130f
40 id. id.	à 60	2400	
8 id. id.	à 55	440	
10 internes de l'enseignement spécial	à 65	650	
20 id. id.	à 60	1200	
12 id. id.	à 55	660	
30 externes de l'enseignement classique	à 120	3600f	8050f
20 id. id.	à 100	2000	
15 id. id.	à 80	1200	
3 externes de l'enseignement spécial	à 100	300	
5 id. id.	à 85	425	
7 id. id.	à 75	525	
			14180f

RÉCAPITULATION DU BUDGET DES RECETTES

Capitations et rétribution collégiales. . .	14180f
Subvention de l'Etat.	2000
Payé par le Principal pour deux maîtres. .	1200
Recettes des classes primaires.	2500
Part de l'Etat pour traitements.	14000
Somme à fournir par la ville.	24445
	58325f

Il résulte de là que les dépenses pour l'entretien du Collège de Saintes se partagent de la manière suivante :

Part de la ville.	24445f
Part de l'Etat.	16000 (1)
Rétribution collégiales.	14180
Rétribution de l'Ecole enfantine.	1400
A la charge du Principal les traitements des maîtres de la classe primaire et des maîtres d'étude.	2300
	58325f

Le traité renouvelé entre la ville et M. le Principal du Collège de Saintes est le même que celui du 31 août 1872. (V. Ann. mun. 1872.)

Les charges qui incombent au Principal sont énoncées dans les articles 2, 8, 17.

Article 2. — Une école primaire préparatoire (à la charge du Principal) est annexée au Collège.

Article 8. — Le Principal paie pour chaque pensionnaire et demi-pensionnaire de l'enseignement classique ou de l'enseignement spécial une capitation ainsi répartie :

Classes de philosophie, mathématiques élémentaires, rhétorique, seconde et 3e année de l'enseignement spécial, 65 fr. ;

Classes de troisième, quatrième, cinquième, sixième et 2e année de l'enseignement spécial, 60 fr. ;

Classes de septième, huitième et 1re année, 55 fr.

Article 17. — Le Principal s'engage, pour tout le temps de son exercice au Collège de Saintes : 1o à veiller à la conservation des bâtiments, à celle du mobilier des classes et de la chapelle dont il sera fait un nouvel inventaire ; 2o à entretenir en bon état le mobilier du pensionnat et à ajouter tout celui qui serait nécessité par l'accroissement du nombre des élèves et à faire exécuter, après s'en être entendu avec M. le Maire, tout ce qui serait reconnu bon et utile à la prospérité de l'établissement. De son côté, le Maire prend au nom qu'il agit, l'obligation de racheter au moment du départ du Principal, quelle qu'en soit la cause, suivant prix déterminé par une expertise contradictoire, tout le mobilier dont M. Chapsal est devenu propriétaire comme l'ayant acquis de la ville à la suite du départ de M. Rousset, aussi bien que celui qu'il aurait acquis depuis pour l'usage du pensionnat.

Les articles 7 et et 9 fixent les frais pour la pension et les études :

Article 7. — Le pensionnat est au compte du Principal. Le taux de la pension et de la demi-pension est déterminé par l'autorité municipale d'accord avec le Principal et le Bureau d'administration. Ce prix une fois établi ne peut être modifié sans l'assentiment des parties contractantes.

---

(1) 700 fr. de plus en 1880.

Article 9. — Chaque élève externe paye une rétribution collégiale dont le taux est fixé par l'autorité municipale sur l'avis du Bureau d'administration. Le produit en est versé dans la caisse de la Commune.

Le prix de la pension, de la demi-pension, de l'external et de la surveillance, sont fixés de la manière suivante :

PRIX DE LA PENSION ET DE LA DEMI-PENSION	Pensionnaires	Demi-Pensionnaires
Première division		
Classes de Philosophie, Mathématiques élémentaires, Rhétorique, Seconde, Troisième, Quatrième, — Classes de 5e, 4e, 3e et 2e année de l'enseignement spécial	600 fr.	330
Deuxième division		
Classes de Cinquième, Sixième, Septième, Huitième, Classe de 1re année de l'enseignement spécial	550	300
Troisième division		
Classe primaire préparatoire	500	250

PRIX DE L'EXTERNAT ET DE LA SURVEILLANCE	EXTERNES libres	EXTERNES surveillés
Enseignement classique		
DIVISION SUPÉRIEURE. — Philosophie, Mathématiques élémentaires, Rhétorique, Seconde, Troisième	120 fr.	180 fr.
DIVISION DE GRAMMAIRE. — Quatrième, Cinquième, Sixième	100	150
DIVISION ÉLÉMENTAIRE. — Septième et Huitième	80	120
Enseignement spécial		
Cours supérieurs.	100	150
Cours de 2e année	85	135
Cours de 1re année	75	115
Enseignement primaire		
Année préparatoire	70	90
Classe primaire	60	80
Classe enfantine	50	70

Les frais de trousseau, d'habillement, de blanchissage, de racommodage, les fournitures de livres et de bureau sont à la charge des parents.

Une question a été soulevée dans ces derniers temps : La ville aurait-elle intérêt à mettre son Collège en régie ?

Oui, au point de vue d'une réglementation mieux définie.

Si elle voulait se charger de la régie, la ville aurait à payer un excédant de dépenses de près de 16,000 francs résultant des traitements du Principal, du sous-principal ou surveillant général, de l'économe, des maîtres d'étude et de la classe primaire et des gages des domestiques. Etant données les conditions du budget actuel, j'estime que les bénéfices du pensionnat seraient tels qu'il resterait encore à la ville à donner une somme de 20,000 fr. au lieu de 24,445 fr. Cette différence est-elle assez grande pour que la ville accepte les charges et la responsabilité de la régie ?

Une combinaison avantageuse serait celle d'offrir l'administration complète du Collège à l'Etat, qui voudrait peut-être diriger l'Etablissement comme il dirige tous les Collèges annexes aux Lycées et la Ville pourrait ainsi n'être tenue qu'à une subvention annuelle de 20,000 francs.

Dans son rapport sur la statistique de l'Enseignement secondaire en 1876 (Voir *Journal officiel* du 15 Septembre 1878), M. Bardoux, ministre de l'Instruction publique, faisait remarquer que « le nombre des Collèges en régie directe par les Villes était à » peine de 30 sur 252. Malgré l'importance prise par certains éta- » blissements, les Villes reculent, en général, devant une respon- » sabilité dont elles s'exagèrent la gravité et adandonnent aux » Principaux des bénéfices souvent considérables, qui leur » permettraient, non seulement de relever les traitements trop » faibles des professeurs, mais encore de réaliser, dans l'instal- » lation matérielle de leurs Collèges, des améliorations urgentes » qu'elles ajournent, la plupart du temps, faute de ressources. » Une ville peut avoir intérêt à laisser un Principal gérer à ses » risques et périls le pensionnat d'un établissement de faible » importance, mais il est certain que pour les grands Collèges, la » régie directe bien organisée procurerait partout aux Villes un » allégement considérable des charges qu'elles ont à s'imposer. »

Des considérations d'un autre ordre furent agitées en 1880, lors des élections pour le Conseil supérieur ; les Collèges voulurent prendre part au mouvement réformiste ; les professeurs n'y étaient pas seulement préoccupés des modifications à apporter aux programmes, ils luttaient pour leur existence, pour un bien-être relatif, pour leur dignité professionnelle. Plusieurs organes de la presse avaient recueilli leurs plaintes ; on lisait dans l'un : « On se plaint que la discipline, la dignité même des maîtres » soient souvent subordonnées à une question d'intérêt pécu- » niaire, et que la crainte de perdre un ou plusieurs élèves domine » tout. Quoi d'étonnant, puisque cette question n'est autre pour » le directeur que la nécessité même de vivre et de faire vivre sa » maison ? »

Plus tard on écrivait dans un autre journal : « La séparation » des pouvoirs n'ayant pas encore pénétré dans les Collèges, le » Principal y est le maître absolu ; il cumule les fonctions de » proviseur, de censeur, d'économe et quelquefois de profes- » seur...... Le Principal n'a pas seulement charge d'âmes, mais » aussi charge d'intérêts : il doit s'occuper de la vie matérielle des » pensionnaires, car il est maître d'hôtel après tout ou avant tout. » Il faut qu'il achète des provisions de bouche pour cent affamés » pendant dix mois, qu'il s'inquiète des époques où le légume est » au meilleur compte et des vins que l'eau incommode le moins. » Après la lecture d'une circulaire, il passe à un compte de » boucherie et de la classe où il vient de pontifier, il court à » l'office et à la cuisine...... Non seulement nous n'inventons » rien, mais il est facile de voir que cela ne peut aller autrement. » Le principal reçoit un traitement tout à fait mesquin ou même » n'en reçoit aucun, si le pensionnat a quelque importance. Pour » qu'il vive lui et les siens, il faut donc qu'il exploite ce pension- » nat le mieux qu'il peut. Les bénéfices qu'il réalise ainsi sont, » on le comprend, très variables et leur évaluation très difficile, » les comptes des Principaux n'étant pas soumis au contrôle ad- » ministratif. Tout Principal a des avances à faire ; il engage et » risque des fonds ; naturellement il est porté à considérer son » Collège comme une affaire, et le maître d'hôtel a vite absorbé » le chef d'établissement. Les bonnes années ne sont pas tant » pour lui celles où les élèves ont remporté dans les concours de » brillants succès, que celles où ils ont beaucoup rapporté...... »

M. Audiffred, député, avait bien défini cette situation et, dans sa proposition de loi relative à l'organisation des Collèges communaux (3 décembre 1881), il demandait avec un grand nombre de ses collègues députés la régie des Collèges au compte de l'Etat.

Il ne me paraît pas inutile, et cela pourrait un jour s'appliquer au Collège de Saintes, de prendre dans l'exposé des motifs ce qui est relatif à la gestion des Collèges : « On ne peut étudier, écri- » vait M. Audiffred, cette matière si complexe de la réorganisation » des Collèges, sans résoudre la question de la régie et de l'admi- » nistration au compte du Principal. Les Principaux qui adminis- » trent les Collèges pour leur compte (il y en a 228 sur 257), sont » des négociants. La gestion matérielle de leurs établissements est » pour eux l'objet de soucis continuels ; il leur est bien difficile, » étant absorbés par des préoccupations d'un ordre purement » pécuniaire, de se consacrer utilement à la direction des études. » D'un autre côté leurs intérêts personnels sont souvent en op- » position directe avec ceux de l'enseignement..... Il ne faut pas » toujours leur demander de perpétuels actes de désintéressement. » Le remède à cet état de choses est dans la mise en régie des » collèges. On ne peut pas l'imposer aux villes et il n'est pas permis » d'espérer qu'elles se décideront à la voter à l'avenir. Jusqu'ici » vingt-neuf seulement l'ont adoptée, et, il n'y a rien là qui doive » surprendre. On comprend qu'une administration municipale, » dont les pouvoirs expirent tous les quatre ans, ne veuille pas » assumer la responsabilité d'une telle opération, alors même » qu'elle se présente dans d'excellentes conditions, car la pros- » périté d'un Collège, pris isolément, dépend d'une foule » d'événements imprévus......

» L'Etat, au contraire, qui nomme les Principaux, tous les » professeurs, les économes et qui peut compenser les pertes de » certains établissements, qu'elles soient accidentelles ou perma- » nentes, avec les bénéfices des autres, est seul en situation de » gérer les Collèges avec un réel avantage.

» Ce système appliqué aux Lycées donne du reste les meil- » leurs résultats. »

HUITIÈME PARTIE

LES INSTITUTIONS

Le rôle des éducateurs de la jeunesse était bien simple chez les anciens peuples (1).

Aucun document ne nous indique quels étaient les modes d'enseignement à Saintes sous la domination romaine; la Ville était alors le chef-lieu d'une Province, elle avait un gouverneur, elle possédait des Arènes dont les tristes ruines montrent encore une ancienne splendeur : des écoles étaient établies à cette époque dans des villes moins importantes. Ausone dans ses épîtres semble indiquer que son ami Axius Paulus professait la Rhétorique à Saintes pendant l'année 384.

Après la chute de l'Empire romain et les invasions des peuples du Nord et de l'Orient, le premier acte en faveur de l'instruction nationale est un règlement fait à Soissons en 562 par le roi Chilpéric; une seconde impulsion fut donnée sous Charlemagne, elle ne s'étendit pas bien loin. Les invasions des Northmans (820-911), les Croisades (1095-1270), les guerres avec l'Angleterre de 1051 à 1259 et de 1337 à 1453 ne permirent pas en France le développement de l'Instruction.

Henri Plantagenet, né en 1133, eut pour précepteur Pierre, de Saintes.

Quelques villes cependant possédaient des Universités depuis le XIIIe siècle et les Moines dans leurs monastères, les Chanoines dans leurs cathédrales entretenaient des écoles annexes pour le recrutement du clergé.

Après la prise de Constantinople (1453), l'invention de l'imprimerie (1420-1450), la découverte de l'Amérique (1492) et surtout après la Réforme (1535) le besoin de s'instruire se fit sentir dans tous les pays : les Français de grande famille ne connaissaient alors que deux métiers, la guerre et la politique ; les clercs étaient élevés

(1) Voir l'*Ephébie Attique* d'A. Dumont, les articles de M. Gaston Boissier sur l'*Instruction publique chez les Romains*, l'ouvrage de Grassberger sur l'*Education et l'Enseignement dans l'antiquité classique*, l'*Histoire de la pédagogie*, par M. G. Compayré.

dans les monastères et les cathédrales ; les autres « ceux du peuple » n'apprenaient rien.

A partir de cette époque, les Princes, les Prélats, les riches commerçants, les Corps municipaux établirent des pédagogies, des Collèges, des maisons pour y loger les étudiants et y instruire la jeunesse (1).

L'ancienne Saintes n'existait plus et la nouvelle ville était déjà resserrée dans ses fortifications. Jusque là le clergé avait seul dirigé l'Instruction ; le pouvoir royal voulut s'en emparer comme il résulte des Edits de Charles VII (1452), de Louis XI, de François Ier (1529), de Charles IX (1560), d'Henri III (1580), d'Henri IV (1598).

Nous savons comment un Collège fut établi à Saintes en 1571, et nous avons rappelé les luttes que la « grande Eschollo eut à » soutenir contre le chapitre qui refusait la prébende et les petites » escholles qui lui prenaient les enfants ».

Des pédagogies existaient à Saintes ; différents documents nous indiquent qu'au commencement du XIIIe siècle, Isembert, l'ingénieur (2), avait été maître des Ecoles à Saintes et portent comme maîtres et instructeurs de la jeunesse pour le latin :

Péraud Raymond, 1499 ; Jehan le Chantre, 1576 ; Pierre Duprat, 1585 ; Messire Grévoille, 1587 ; Robert de la Brousse, 1588 ; René Vincent, 1591 ; Guillaume Virq..., 1599 ; ...... M...... *le Régent des enfants de la prétendue religion réformée*, expulsé de Saintes en 1617 par le Maire Jehan Richard, malgré les protestations des nombreux habitants qui avaient désigné, pour les représenter à cet effet, leurs corréligionnaires MM. Roze et Lafaudin.

A partir de 1611, l'enseignement secondaire fut gratuit au Collège tenu par les Jésuites et plus tard par les Bénédictins et les Prêtres séculiers ; ceux de la religion protestante étaient obligés « d'envoyer leurs enfants dans d'autres villes ».

Tout porte à croire que les écoles primaires avaient des cours préparatoires aux classes du Collège ; dans ses *Extraits des Archi-*

---

(1) Voir dans l'ouvrage de M. Silvy (*Les Collèges en France avant la Révolution*) les causes qui ont facilité ou retardé le libre développement des Collèges, l'influence de l'ordonnance d'Orléans de 1560, l'état de l'enseignement secondaire pendant les guerres de religion, les Jésuites et le Parlement, les rivalités des Congrégations, les petites écoles de Port Royal, les effets de la Réforme parlementaire de 1762.

(2) Isembert dirigea les travaux du pont de Saintes, ceux d'un des ponts de La Rochelle et fut appelé à Londres lors de la construction du pont.

ves municipales (91 et 92), M. Moufflet cite : 2 *Décembre* 1725, Antoine Mousnier, établi depuis 15 ans avec l'autorisation de Mgr l'évêque ; 3 Janvier 1729, Lay, instructeur pour le latin, qui tenait encore école le 1er Septembre 1742 dans la paroisse Saint-Pierre ; 1748-1759, plusieurs instituteurs établis à Saintes : Blavet, Gaspard Bourgeois, Pophillas de Saint-Eutrope, Mousnier, fils, Nicolas Huvet, Coudret, Delusset (1)

En 1742, Maisonsaine de la paroisse de Saint-Colombe ; en 1744, Pierre Bernard, maître es-arts ; en 1753, Ignace Bernard, maître de latin, avaient des élèves. Le réglement du 1er Août 1767 concernant la police du Collège de Saintes, détermine dans les articles 2 et 12, les devoirs de maitres de pension.

Des maisons particulières reçurent aussi les externes qui fréquentaient les Cours de l'Ecole centrale ; le pensionnat ne fut régulièrement rétabli qu'en 1800 et a été depuis maintenu à l'Ecole secondaire et au Collège communal.

Quelques professeurs, MM. Jacquin, Achard avaient chez eux des élèves internes ; ce dernier fut même admonesté le 7 novembre 1806, par les membres du Bureau d'administration : il est dit dans le procès-verbal que *le nombre d'écoliers qu'il a chez lui ne lui permet pas de se livrer entièrement à l'enseignement public dans l'Ecole.*

La question de l'internat dans les établissements universitaires et autres a été souvent discutée : plusieurs ont critiqué ce système « par lequel la jeunesse du pays, casernée et soumise, peut se livrer tranquillement aux études qui préparent l'homme aux professions libérales ».

Il faut avouer qu'il n'a pas été permis d'établir que les élèves externes, ceux élevés dans leurs familles, aient en général montré une supériorité marquée sur leurs autres camarades.

Etant donnés nos mœurs, nos habitudes, la situation des familles placées loin des écoles et surtout la liberté de l'Enseignement secondaire, il est difficile de rompre avec le système établi et l'Université, en face des établissements libres et ecclésiastiques, ne peut pas cesser de rendre aux familles le service pénible et difficile du pensionnat.

---

(1) Un M. Delusset était instituteur en 1789.

D'autres ont imaginé un Etat, ayant le monopole de l'instruction, étendant même à l'Enseignement secondaire la gratuité déjà accordée à l'Enseignement supérieur et à l'Enseignement primaire ; ses Ecoles ne recevraient que des externes et auprès d'elles se formeraient des pensionnats soumis à des directions laïques ou ecclésiastiques ; des bourses seraient accordées dans ces pensionnats pour l'entretien des élèves méritants et de tous ceux adoptés par la Nation.

Parmi les Institutions et les maisons particulières établies à Saintes qui, depuis 1800, ont reçu des élèves suivant les cours du Collège, nous pouvons citer celles de MM. Martineau et Flornoy, Termonia père, Cherrier qui avait eu pour pensionnaire Jules Dufaure, Président du Conseil des ministres en 1877, celles de MM. Durand, Vrignaud, Meritens, Nourrigeon, Amouroux, Chenuau.

Les deux dernières seules ont duré.

Institution Amouroux. — Cet établissement date du commencement du siècle ; avant 1810, Mme veuve Amouroux recevait déjà dans une maison de la rue du Synode quelques élèves qui suivaient les cours de l'Ecole secondaire et du Collège communal. Son fils, Louis-Raymond Amouroux, né le 31 août 1793, commença dès l'âge de 18 ans à l'aider dans sa tâche laborieuse ; il obtint en 1818 le brevet de maître de pension et, pendant 39 ans, il gouverna la maison dont l'importance augmenta peu à peu. En 1857 il en céda la direction à son fils, mais il conserva sa part de surveillance jusqu'à la fin de sa longue carrière. M. L.-R. Amouroux est décédé le 20 mars 1881, entouré de l'estime de tous.

A partir de 1860, l'institution Amouroux, transférée déjà au Cours National, eut une grande prospérité ; de 1870 à 1878, le nombre des élèves internes a été supérieur à cent ; les élèves de l'enseignement secondaire classique suivaient les cours du Collège, d'abord à partir de la sixième, plus tard à partir de la troisième.

Depuis que le Phylloxera est venu détruire les vignes, source de la richesse du pays des Charentes, le nombre des internes a beaucoup diminué ; il en a été de même dans la plupart des établissements libres laïques non-seulement dans les pays phylloxérés, mais encore dans toute la France. Cela tient sans doute à la diminution des revenus des propriétaires agriculteurs qui se contentent pour leurs enfants de l'enseignement primaire donné dans leur commune. D'un autre côté, en province, la concurrence ne permet pas d'établir des prix assez élevés. Le personnel des Ecoles secondaires ecclésiastiques est composé de professeurs et de maîtres qui trouvent dans leur maison logement, nourriture et entretien ; le total des traitements dans les plus importants ne dépasse pas 12,000 francs, tandis que dans les autres institutions, dans les petits Lycées, dans les Collèges de plein exercice, la somme de 50.000 francs est à peine suffisante pour un personnel complet.

L'Institution Amouroux a rendu de réels services et a eu un grand renom dans les Charentes ; bien des hommes utiles au pays y ont été élevés ; nous devons citer parmi les élèves qui lui ont fait honneur :

MM. Vacherie, ancien maire de Saintes ; Marc, député de la Guyane françasie après 1870 ; Gaudin Tony, mathématicien et chimiste ; Prouhet Eugène, répétiteur d'analyse à l'Ecole Polytechnique ; baron Eschassériaux Eugène, député depuis 1849 ; Legardeur de Tilly, archéologue ; de Bonsonge Anatole, capitaine de frégate ; Boulineau Eugène, conseiller à la Cour d'appel de Bordeaux ; Boulineau Léonce, capitaine de vaisseau ; Giraudias Eugène ; Le Savoureux Joël, journaliste ; Barrère Camille, ministre de France en Egypte.

Ecole Saint-Pierre. — L'abbé Chenuau, en 1835, avait été le premier Supérieur de l'Ecole secondaire libre établie à Saintes, il avait eu pour collaborateur l'abbé Rochet, homme d'une grande érudition. L'abbé Dubreuilh, qui avait remplacé M. Chenuau, sut grouper autour de lui un grand nombre d'élèves ; les succès qu'il obtint furent tels qu'il avait espéré en 1854 annexer sa maison au Collège communal dont il aurait eu la direction ; cette combinaison ne pût pas aboutir et M. Dubreuilh, bientôt découragé par le départ de nombreux élèves qui allaient au Séminaire de Pons, se retira et la maison fut occupée par les R. P. Lazaristes.

A cette époque (1860), M. l'abbé Choisnard fut chargé par Mgr Landriot de constituer à Saintes une psalette pour le recrutement des clergeons ou enfants de chœur ; la nouvelle institution, nommée depuis lors Ecole Saint-Pierre, reçut des élèves pour les classes élémentaires et de grammaire. En 1870, M. Choisnard fut nommé chanoine titulaire et l'Ecole, rétablie dans l'ancien local, passa successivement sous la direction de M. l'abbé Vignaud en 1870, de M. l'abbé Béal en 1871, de M. l'abbé Laforie en 1872. Bientôt après l'institution comptait 40 pensionnaires et 60 externes; comme sous M. Dubreuilh, les élèves des classes supérieures suivaient les Cours du Collège communal. M. Laforie, ancien aumônier du Collège, avait pu apprécier l'enseignement qui y était donné. Après plus de trente années de services, M. Laforie voulut se reposer et il fut remplacé en 1880 par M. l'abbé Meneau, qui continua la tradition. Depuis la rentrée des classes 1885-1886, M. l'abbé Clanet, Eugène, a été nommé Directeur.

Parmi les élèves de cette Institution, nous pouvons citer: MM. le docteur Henri Chevalier, médecin de la marine; P. Laferrière; l'abbé Paul du Vauroux; de la Villéon; François des Francs; Joyé.

LES ÉLÈVES

Cette histoire ne serait pas complète si elle ne contenait pas les noms de ceux qui ont contribué à la renommée du Collège.

Les arrondissements voisins ont possédé des hommes de grande réputation: Champlain, Guiton, Réaumur, le P. Arcère, Lancelot, de la Galissonnière, Dupaty, Audebert, Chasseloup-Laubat, Baudin, Duperré. Les illustres de l'arrondissement de Saintes, d'Aubigné, Bernard Palissy et Jules Dufaure, avocat et ministre (1798-1881) ne peuvent même pas figurer sur notre liste, car, en 1560, le Collège n'existait pas et Dufaure a suivi à la Grande-Gorce, près Cozes d'abord et à Saintes plus tard dans une Institution privée, les cours des classes élémentaires et de grammaire.

Cependant, du Collège de Saintes sont sortis un grand nombre d'hommes qui ont été utiles à leur pays et qui ont tenu un rang honorable dans les Assemblées de l'Etat, du département et de la commune; dans la littérature et la science; dans les professions industrielles et libérales.

En première ligne, nous devons citer:

M. Lemercier, Nicolas, né en 1755, avocat, député du Tiers-Etat, membre du Conseil des Anciens, sénateur, pair de France.

M. Eschassériaux, aîné, né en 1757, membre de l'Assemblée législative, de la Convention, du Conseil des Cinq-Cents, du Tribunat, Ministre plénipotentiaire et baron de l'Empire.

Et ensuite, en conservant autant que possible, l'ordre chronologique: Amelotte Denys, docteur, oratorien, travaux littéraires. Berthus de l'Anglade Blaise, vice-sénéchal de Saintonge. Du Bourg, Pierre, maire de Saintes en 1670. Juilhard du Jarry, littérateur, poète. Dusault, Jean, conseiller au siège présidial de Saintes, *Commentaire sur l'usance de Saintes*. Adam, Jean-Louis, chanoine à Saintes en 1720. Pierre Laplanche. A. Pelluchon Destouches, qui complimenta Mgr l'évêque en 1767. (1) Vieuille, Pierre, conseiller du roi, lieutenant-général au siège de l'élection. Faure, Joseph, receveur des tailles, administrateur du Collège en 1770. Claude Patron. Guillotin, Joseph, professeur, médecin, membre de l'Assemblée Nationale en 1789. Hardy, Augustin (le père Martial), protesseur, prédicateur, visiteur général des Récollets. Leidet, Gabriel, président du Tribunal de Saintes en 1797. Augustin Denechaud. Gabriel Mallet. De Luchet, Jean-Pierre, qui a écrit un grand nombre de brochures littéraires. Pierre Pain. Paillot de Beauregard, général de division en 1793. Briault, Simon, administrateur du département en 1790, juge. De la Morinerie, Michel, maréchal-des-logis des gardes du corps en 1814. Goût, Claude-Antoine, président de la Commission municipale de Saintes en 1792. De Berthus, Georges, capitaine de cavalerie. Vinand, Jacques-Pierre, professeur au Collège de Saintes. De Fonrémis, Pierre, conseiller au Présidial. Serain, Eutrope, médecin, agronome. Barraud, Charles, prêtre, curé de Saint-Vivien de Pons. Fonrémis, Jean-Baptiste, conseiller au Présidial.

Bernard, Antoine, député en 1792, juge, exilé sous la Restauration. Elie, Coullon. Baril, Jacques, curé de Saint-Martin, poëte, professeur au Collège de Rochefort en 1815. Bourignon, François, professeur, archéologue, professeur et Principal du Collège de Saintes qui a écrit : Observations sur quelques antiquités romaines 1782 ; Recherches sur les antiquités de la Saintonge. Doussin, Louis, prêtre, professeur. Garnier, Jean-Jacques, maire de Saintes, député à la Convention. Héard, du Taillis, du Conseil des Cinq Cents, avocat, juge à Poitiers. Piis, Antoine, poëte vaudevilliste. Bouet, du Portail, horticulteur. Cuppé, Pierre, prêtre. Gallut, frères, l'un médecin, l'autre notaire. Hus, Jean-Baptiste, imprimeur. De Brémond d'Ars, Pierre-René, député de la noblesse en 1789, agronome. De Crugy, François, curé de la Tremblade, philosophe, physicien. Doussin, Jacques, médecin, chimiste. Doussin, Louis-Joseph, libraire, bibliothécaire à Poitiers. Toussaints, Pierre, imprimeur. Eschassériaux, Réné, médecin, député au conseil des Cinq Cents, maire de Saintes. Loustalot, avocat, journaliste. De Saint-Légier, Laurent, publiciste, poëte. Savary, Pierre, avocat, procureur du Tribunal, maire de Saintes. Vanderbourg, Charles de Poudens, marin, poëte, a donné une traduction d'Horace. Richard, Gabriel, prêtre, missionnaire. Mareschal, Barthelemy, licencié ès-arts, imprimeur. Magistel, médecin, travaux sur la rage. Savary, Victor, président du Tribunal de Saintes, membre du Conseil général. Genty, Jean, général de brigade. De Vaudreuil, Pierre, littérateur et archéologue. Viollaud, médecin et poëte. Thibaud, Eutrope, curé de La Rochelle. Dupouy, Jean, imprimeur. Moreau, Nicolas, professeur, archéologue. Lemet, maître de pension, auteur de plusieurs ouvrages sur la grammaire. Chavignaud, instituteur, imprimeur (a mis en vers la grammaire française, l'histoire chronologique et même la Charte

(1) Voir l'Eglise Santone de M. l'abbé Briand. Tome 2, page 544.

constitutionnelle). Duchaine Martimont, curé de Montils, professeur, a écrit un grand nombre d'ouvrages sur la religion. Dusourd, médecin, mémoires et rapports. Eschassériaux, Camille, député en 1834, discours et rapports, mourut à 34 ans. Forget, médecin, professeur à Strasbourg, plusieurs mémoires. Mareschal, Gustave, imprimeur, journaliste. Rainguet, notaire, archéologue, études historiques et littéraires ; Biographie saintongeaise. Dangibaud, Eutrope, juge, a publié des mémoires et documents sur la ville de Saintes.

Bonnain, Pierre, avocat. Pradel, Eugène, poëte. Robert, Armand, auteur de Tableaux sur l'histoire. Brejon, Laurent, avocat. Drilhon, Paul-Louis, notaire. Termonia, Joseph, professeur. Bargignac, commissaire du gouvernement en 1848; Drilhon, Eutrope, avocat ; De Grailly, agronome. Voix, Mathieu, avocat. Viauld, Nelzir, médecin. Rousset, Pierre, vice-président du Tribunal de Saintes. Charrier, juge de paix.

Plusieurs des élèves dont les noms suivent, n'ont pas terminé leurs études au Collège de Saintes ; de 1808 à 1832, la classe de philosophie n'existait pas ; les élèves de la région allaient aux établissements de Montmorillon, de Saint-Jean, au Collège royal de Poitiers, au Collège Louis-le-Grand dont le censeur M. Emond était allié à plusieurs familles de Saintes ; d'autres ont fini leurs études à Pons et à La Rochelle.

Vacherie, Jean, né à Saujon, le 15 octobre 1805, décédé le 9 février 1873, avocat distingué, maire de Saintes pendant vingt ans de 1849 à 1870.

Limal, Arsène, avocat, juge, maire de Saintes. Gaudin, chimiste, attaché à l'Observatoire de Paris, a obtenu le prix Trémont ; travaux scientifiques : *Mémoire remarquable sur la constitution moléculaire des corps*. Giraudias, Emile, avocat et poëte : *Bernard Palissy à ses concitoyens de* 1866. Gaudin, Fédora, avocat, Représentant du peuple en 1848 : la *Loi militaire* 1869 ; *Nos Cahiers de* 1869. Vallein, Victor, journaliste, fondateur du journal l'*Indépendant*. Vaurigaud, pasteur protestant : *Essai historique sur les Eglises réformées*. Dr Kemmerer, nombreux travaux : sur l'*Ile de Ré* 1868, sur l'*Ostréiculture* 1847, 1861, 1876.

Baron Eschasseriaux, député depuis trente-cinq ans, a écrit plusieurs mémoires et Rapports : les *Assemblées électorales de la Charente-Inférieure* ; *sur les droits de consommation* 1867; *sur les moûts abaissés* 1867 ; *sur les taxes télégraphiques* 1868 ; *sur les traités de commerce* 1872 ; *Documents relatifs à la ville de Saintes* 1876; *Le Camp du Peu Richard* 1883.

Prouhet, Eugène, répétiteur à l'Ecole polytechnique, a publié des notes sur quelques points d'analyse mathématique, a rédigé pendant plus de quinze ans avec Terquem et Gérono le journal de *Mathématiques Elémentaires*.

Peyremol, Emile, professeur, pharmacien en chef de la marine. Briault, docteur-médecin. Poitiers, avocat, juge de paix. Chailloleau, négociant. Huon de l'Etang, juge. Docteur Menudier, médecin, agriculteur, Président du Comice agricole.

Mestreau, Frédéric, négociant, sénateur de la Charente-Inférieure.

De Brémond d'Ars, Théophile, Président de la commission des Arts et Monuments historiques, a publié les *Rôles saintongeais*, les *Sénéchaux de la Saintonge*. Jônain, Pierre, homme de lettres : *poésies, articles sur la Saintonge et sur le patois saintongeais*. De la Sauzaye, inspecteur des eaux et forêts. De la Sauzaye, H., colonel du génie. De Laage, Hippolyte, conseiller général. Rousset, Edmond, Président du Tribunal. De Tilly, Hippolyte, archéologue, a écrit un grand nombre de mémoires : *l'Abbé de de Montalembert* 1879.

Pallu de la Barrière, fils du professeur de rhétorique, actuellement capitaine de vaisseau : *articles et rapports sur la marine, Six mois à Eupatoria.*

Castagnary, Jules, né à Saintes le 11 avril 1830, publiciste, critique d'art, ancien président du Conseil municipal de Paris, actuellement conseiller d'Etat, a écrit dans le *Monde Illustré*, le *Nain Jaune*, le *Siècle*; a publié de nombreux articles sur l'art et la politique : *Philosophie du Salon* 1857 ; *Salon de* 1861 ; *Libres propos* 1864 ; *Bilan de* 1868 ; *les Jésuites* 1878.

Inquimbert, Georges, avocat, docteur en droit : *De la Constitution civile de la femme en droit romain et en droit français* 1854.

Cauroy, commandant du génie. D'Abzac, général. Dejean, général d'artillerie. De la Morinerie, chef de Division. You, juge. Tercinier, Louis, ancien président du Tribunal de commerce. De Brémond, Josias. De Saint-Seurin, Amédée. Duret, Victor. Quinemant, Jules, lieutenant-colonel. Beaupoil Saint-Aulaire. Dumontet. Dangibeaud. Edouard Amouroux, chef d'Institution. Seguinaud, pharmacien militaire. J. Guédon, avocat, préfet. Mailhetard, lieutenant-colonel. Guillemineau, commissaire de la marine. Forestier, G., ingénieur en chef des Ponts et Chaussées. Cantaloube, Alfred, capitaine de frégate. Brunaud, Jules, avoué. De Fontrémy, lieutenant-instructeur à Saint-Cyr. Guillet, négociant, Président du Tribunal de commerce. Baron Oudet, ancien conseiller de préfecture. D'Aussy, ancien conseiller général. Baudry, Etienne, publiciste. Grison, journaliste, articles dans le *Figaro* et le *Charivari*. Paul Brunaud, avoué, a publié *la Flore mycologique de l'Ouest*. Parmi les élèves des Facultés de droit : Laverny, Gaston, avocat. Petit, Théophile, président du Tribunal de Saint-Jean-d'Angély. Dandonneau, avocat général. Tortat, juge. Patron, Boisseron, Fragonard, avocats.... — De la Faculté de Médecine : Jozansy, Brisson, Picard. Poussou, Darcy, Vanderquand, médecins... Auger, journaliste. Guillaud, professeur à la Faculté de médecine de Bordeaux, botaniste, *thèses remarquées, Journal d'Histoire naturelle, Flore de l'Ouest*. Cuq, professeur à la Faculté de droit de Bordeaux. Fontorbe, professeur à l'Ecole de médecine navale de Rochefort. V. Xambeu, professeur agrégé au Lycée de Pau. Audiat, Gabriel. élève de l'Ecole normale supérieure, professeur agrégé au Lycée de Poitiers. Le Savoureux, Joël, publiciste. Ordonneau, vaudevilliste. Ch. Dangibeaud, conservateur du Musée, a publié plusieurs mémoires *Potiers, faïenciers et verriers de la Saintonge.*

Roufineau, Abel, pasteur protestant à l'Eglise de Nantes. Parmi les élèves sortis de l'Ecole navale : Bellion, Templier.... De l'Ecole polytechnique : W. Tercinier, Bertrand, Coustolle, ingénieur. Garnier, lieutenant de vaisseau, Gautron.... De l'Ecole Centrale : Rouyer, Mongeaud, Blin, Garnier, Mercereau, professeur au Lycée de Versailles.... De l'Ecole militaire de Saint-Cyr : Danyaud, Néraud, Lebouvier, Lamothe, Farsac, V. Lombard, Pelletier, E. Lombard, Flocon, Rivière, Brasard, reçu le 1er en 1860.... De l'Ecole de médecine navale de Rochefort : Gandaubert, Fontorbe, Mortreuil, Lassou, H. Chassériaud, Ollivier, Planté.... De l'Ecole de Strasbourg et du Val de Grâce : Chagnaud, Poché, Ferret, Chauvet, J. Ferrier....

Classe de Rhétorique

PRIX D'HONNEUR

Depuis 1876, ce prix est offert par M. le comte Lemercier, maire de la ville de Saintes.

1848. — Dangibeaud, Edouard, de Saintes.
1849. — Niox, Amédée, de Saintes.
1850. — Jozansy, André, de Saujon.
1851. — Grand, Camille, de Saintes.
1852. — Eveillé, Arthur, de Saintes.
1853. — Chauvet, Alexandre, de Nancras.
1854. — Venant, Edouard, de Migron.
1855. — Lesné, Emilien, de Saintes.
1856. — Bianchi, Léon, de Saintes.
1857. — Cavazonza, Léopold, de Saintes.
1858. — Vinet, Alphonse, de Nouillers.
1859. — Giraudias, Eugène, de Saintes.
1860. — Bevin, Célèstin, de Torxé.
1861. — Laverny, Gaston, de Saintes.
1862. — Guimaron, Amable, de Saintes.
1863. — Petit, Téophile, de Gemozac.
1864. — Guément, Marcel, de Pérignac.
1865. — Perthuis-Lasalle, Nestor, d'Aulnay.
1866. — Picard, Marcel, de Thenac.
1867. — Tortat, Gaston, de Saintes.
1868. — Poché, Charles, de Saint-Genis.
1869. — Ferret, Alexis, du Port-d'Envaux.
1870. — Patron, Gaston, de Bord-des-Landes.
1871. — Babinot, Fernand, de Chérac.
1872. — Barbraud, Cléophas, de Courcoury.
1873. — Le Savoureux, Franck, de Limoges.
1874. — Rousseau, Théodore, de Vera-Cruz (Mexique).

1875. — Le prix n'a pas été accordée.
1876. — Beauvais, Maurice, de Saint-Genis.
1877. — Poytevin, Jean-Baptiste, d'Allas Champagne.
1878. — Audiat, Gabriel, de Saintes.
1879. — Tesseron, Fernand, de Lajard.
1880. — Héraud, Jules, de Saintes.
1881. — Inquinbert, Louis, de Saintes.
1882. — Audiat, Edouard, de Saintes.
1883. — Chassériau, Maurice, de Saintes.
1884. — Bonneau, Octave, de Montmorillon.
1885. — Fromaget, Camille, de Saintes.

Classe de Philosophie

PRIX D'HONNEUR

1848. — Inquinbert, Georges, de Saintes.
1849. — Dangibeaud, Edouard, de Saintes.
1850. — Niox, Amédée, de Saintes.
1851. — Cassan, Auguste, de Saint-Jean d'Angély.
1852. — Panaud, Jules, d'Archiac.
1853. — Laverny, Jules d'Ozillac.
1854. — Giraudias, Camille, de Jonzac.
1855. — Stavelot, Armand, de Saint-Genis.
1856. — Laferrière, Alexis, de Saintes.
1857. — Bianchi, Léon, de Saintes.
1858. — Quinaud, Théophile, de Chadenac.
1859. — Vinet, Alphonse, de Nouillers.
1860. — Giraudias, Eugène, de Saintes.
1861. — Arnaud, Amable, de Saint-Germain-de-Lusignan.
1862. — Laverny, Gaston, de Saintes.
1863. — Monsnereau, Gustave de Saintes.
1864. — Petit, Théophile, de Gemozac..
1865. — Giraudias, Louis, de Saintes.
1866. — Perthuis-Lassalle, Nestor, d'Aulnay.
1867. — De Grimouard, Ludovic, des Eglises d'Argenteuil.
1868. — Tortat, Gaston, de Saintes.
1869. — Rouffineau, Abel, de Saintes.
1870. — Dangibaud, Charles, de la Chapelle-des-Pots.
1871. — Coustolle, Etienne, de Saint-Georges-d'Oleron.
1872. — Celeyron, Albert, d'Aubusson.
1873. — Mortreuil, Alfred, de Saintes.
1874. — Laferrière, Alfred, de Saintes.
1875. — Rousseau, Théodore, de Vera-Cruz (Mexique).

1876. — Bujard, Armand, de Cognac.
1877. — Beauvais, Maurice, de Saint-Genis.
1878. — Poytevin, Jean-Baptiste, d'Allas-Champagne.
1879. — Audiat, Gabriel, de Saintes.
1880. — Tesseron, Ferdinand, de Lajard.
1881. — Héraud, Jules, de Saintes.
1882. — Inquinbert, Louis de Saintes.
1883. — Forget, Pierre, de Salles-d'Angle (Charente).
1884. — Chassériau, Maurice, de Saintes.
1885. — Ard, Gaston, de Cozes.

FAITS HISTORIQUES

Il était indispensable de citer certains évènements importants qui ont eu depuis 1570 une action plus ou moins directe sur le Collège ; d'un côté, les guerres, les émeutes, les épidémies, les froids rigoureux avaient une influence douloureuse ; d'un autre côté, les jours de visite des Rois, des Prélats, les manifestations politiques et religieuses, les fêtes nationales amenaient un motif de réjouissance pour les élèves.

Dans les premières parties de cette histoire (Collège de 1571 à 1797), je n'ai voulu indiquer que les titres et la place des documents relatifs au Collège. J'espère que ces documents seront bientôt publiés.

De même, je n'ai voulu énoncer ici que les faits historiques qui ont pu, de près ou de loin, agir sur le Collège ; les détails se trouvent dans les ouvrages cités qui concernent la Charente-Inférieure. Assurément certains évènements auraient pu fournir le sujet de nombreuses anecdotes et le récit aurait été plus intéressant. Le lecteur m'accordera la plus grande indulgence.

1570. — Juillet. La ville de Saintes est assiégée et prise par les Calvinistes. — 21 août. Amnistie et paix. Hiver rigoureux.

1572-1573. — Quatrième guerre de religion provoquée par le massacre de la St-Barthélemy (24 août 1572). Siège et capitulation de La Rochelle. Saintes capitule après résistance et tombe au pouvoir de Rohan. Charles IX signe l'Edit de Boulogne qui accordait aux protestants l'amnistie, la réintégration de leurs biens et honneurs, la liberté de conscience, la liberté du culte, conformément aux traités antérieurs.

1574-1576. — Cinquième guerre de religion. Complot pour livrer La Rochelle aux troupes du Roi. Insurrection de La Rochelle ; soulèvement de la Saintonge et du Poitou... Mort de Charles IX. Henri III (1574-1589). Paix de Loches.

1576-1577. — Sixième guerre de religion. Le roi supprime les édits de pacification. Le Roi de Navarre s'empare de Périgueux. Lanoue s'insurge dans le Poitou. Les catholiques occupent l'Aunis. La flotte de La Rochelle est détruite. Paix de Bergerac.

1577. — Le duc de Mayenne arrive à Saintes, pendant que les protestants passent la Charente sur bateaux.

1579. — On exclut à Saintes les Réformés du corps de ville.

1580. — Septième guerre de religion. Cette guerre insensée provoquée par l'entourage d'Henri de Bourbon, roi de Navarre, fut une série de brigandages où l'on ne songea qu'à piller et dévaster les châteaux et églises; l'antique abbaye de La Tenaille, placée sur la route de Saintes à Blaye, fut entièrement détruite.

1581. — 3 Avril. Tempête très violente : la foudre renverse la statue de St-Pierre placée au sommet du clocher. Restauration de la cathédrale par Mgr Nicolas de la Courbe ; les travaux durèrent jusqu'en 1585.

1582. — 3 Mars. Passage à Saintes de la Reine de Navarre.

1586. — Huitième guerre de religion. Henri de Bourbon, Henri de Guise et Henri III se trouvèrent chacun à la tête d'une armée. Bataille de Coutras 1587. Henri III assassiné. Henri IV (1589-1610).

1586.—7 Avril. Cavalerie de Saintes poursuivie par les protestants : Tiercelin battu rentre à Saintes : mort des deux frères François et Benjamin Coligny. La peste et la famine font de cruels ravages en Saintonge.

1589. — Saintes salue Henri IV comme roy de France ; fêtes du 1er août.

1593. — Le duc d'Epernon part de Saintes et va rejoindre le Roy à Paris. Exemption de tailles et impositions pour Saintes.

1595. — Hiver rigoureux : une Commission fut nommée par le Roy pour la révision des programmes de l'Enseignement ; elle était composée de MM. Harlay, Molé, de Thou, Séguier.

1597. — Novembre. Lettres patentes du Roy qui confirment les privilèges, franchises et libertés octroyés par Louis XI aux Mayre, pairs, échevins, bourgeois, manans et habitants de Saintes. Voir le texte dans les notes de l'histoire de la Saintonge par Massiou.

1598. — Charles Guitard mourut à Saintes le 10 Novembre ; lieutenant de la Sénéchaussée de Saintonge avant d'entrer dans le sacerdoce, il laissa des rentes pour le Collège de Saintes.

1602. — 21 Avril. Fête à l'occasion de la rentrée des reliques de Saint-Eutrope déposées à Bordeaux pendant les guerres de religion. Des maladies épidémiques sévirent en Saintonge pendant plus de trois ans : en 1605 Saintes fut cruellement éprouvée.

1608. — Hiver très rigoureux : tout le gibier disparut; le froid et le manque de nourriture amenèrent des pertes énormes dans le bétail.

1612. — 13 Janvier. Discussion entre Henri Moyne, maire de Saintes et le sieur d'Eperney, gouverneur de la ville et du château au sujet des clés de la ville.

1617. — Décès de Mgr Nicolas de la Courbe.

1620. — Septembre. Réception à Saintes du Roy Louis XIII. Prise de Saint-Jean-d'Angély; Louis de Lorraine, duc de Guise, se fait transporter de Saint-Jean-d'Angély à Saintes et y meurt le 21 Juin. — 1622. Prise de Royan. — 1625. Prise du Port-Blavet. — 1626. Siège de La Rochelle.

1628. — Fabrication à Saintes des machines de guerre contre La Rochelle.

1628. — 30 Octobre. La Rochelle se rend. Démolitition des murs de Saintes et de toutes les places fortes de la Saintonge.

1631. — Hiver rigoureux : famine générale en France. Epidémie en 1632.

1632. — Prédications à Saintes au sujet de la mort de la sainte femme Marie Baron par le P. André Bajole et le P. André Penot, supérieur de la Maison de Marennes.

1633. — Réaction catholique ; zèle religieux.

1635. — Construction du séminaire de Saintes par Mgr J. Raoul, avec les matériaux tirés des anciennes fortifications de la ville, à l'emplacement occupé par le Prieuré de Saint-Vivien.

1636. — Emeutes à propos de l'impôt des boissons.

1638. — Emeutes à Saintes au sujet de la perception des droits du *Souchet ou de courte pinte*. (Quinze sols par tonneau de vin).

1648. — Incendie de l'Eglise et du monastère des Dames de Saintes (abbaye).

1651. — Inondations pendant l'hiver de 1651-1652. Epidémie en Saintonge en 1652.

1649-1653. — La Fronde ; guerre civile. Louis de Condé s'empare de Taillebourg et de Saintes. Louis de Bassompierre, évêque, abandonne Saintes. Le gouverneur Chambon, nommé par Condé, brûle les faubourgs de Saintes afin de pouvoir mieux défendre la place. Février 1652, Saintes capitule et rentre sous l'obéissance du Roi.

1655. — 5 octobre. La ville de Saintes perd ses vieilles libertés municipales, ses privilèges, ses exemptions de droits d'aides.

1663. — Prédications du P. Surin, Jésuite, au sujet de la sainte femme Magdeleine Boinet de Saintes et de la marquise de Brémond d'Ars.

1666. — 19 avril. Décès de Madame Françoise de Foix, supérieure abbesse de l'Abbaye de Saintes depuis 1606.

1679. — 6 octobre. Passage de la reine d'Espagne.

1683. — Année de disette.

1685. — Révocation de l'Edit de Nantes, 18 octobre. Missions catholiques. Extirpation de l'hérésie. Action des séculiers, des Jésuites et des Récollets.

1694. — Tous les biens qui avaient appartenu aux consistoires des Temples calvinistes furent donnés à l'hôpital de Saintes.

1700. — 23 décembre. Philippe, duc d'Anjou, appelé au trône d'Espagne, passe à Saintes ; réception par le maire Renaudet et par l'évêque Guillaume de la Brunetière ; souper, 64 couverts ; comédie ; bal. Le 24, visite de l'Abbaye et messes de minuit. Le 25, messe à Saint-Pierre, dîner public. Vêpres et Sermon à la Chapelle du Collège. Le 26, départ en bateaux jusqu'à Diconche où attendaient les voitures du futur Roi.

1701. — L'église de Saintes est agitée par les propositions du P. Justin Bègue, Récollet, au sujet des messes de paroisse.

1709. — Le froid fut très intense pendant les mois de décembre et janvier ; l'eau et le vin se congelaient dans les vases. Les hivers de 1724, 1733, 1740, 1748 furent aussi très durs ; en 1748 le thermomètre Réaumur marqua plus de 20 degrés au-dessous de zéro.

1744. — 10 Octobre. Décès de l'évêque Léon de Beaumont. Le Séminaire hérita de sa bibliothèque qui venait de Fénelon.

1745. — 5 Octobre. Séjour à Saintes de Madame la Dauphine.

1754. — Mort de Madame de Duras, supérieure de l'Abbaye de Saintes depuis 28 ans.

1767. — Visite de Mgr l'Evêque au Collège : compliment adressé par l'élève Pelluchon Destouches.

1774 et 1776. — Hivers vigoureux.

1775. — Ouragan sur la ville de Saintes ; des dommages considérables furent faits à l'église Saint-Pierre.

1782. — Visite au Collège par Mgr de La Rochefoucauld ; discours prononcé par l'élève de rhétorique L. Gallandé.

1783. — 24 Avril. Prières publiques et procession solennelle pour obtenir la pluie.

1788. — Froid rigoureux ; la Charente charria des glaçons ; le thermomètre marquait 18° R. au dessous de zéro. Les récoltes perdues amenèrent la grande disette de blé en France en août 1789.

1789. — 5, 7, 8 Février. Electeurs convoqués à l'Hôtel-de-Ville de Saintes pour l'élection des députés des Trois Ordres aux Etats-Généraux. 24 Mars, nomination des députés. 21 Juillet, fête populaire ; organisation de la garde nationale à Saintes. 29 Juillet, cette garde marche contre les brigands qui désolent les campagnes. 6 Septembre, banquet patriotique dans le jardin du Séminaire ; le drapeau tricolore est arboré à Saintes. 15 Décembre. La nouvelle municipalité est constituée avec M. Garnier, élu maire de Saintes.

1790. — 30 Avril. La garde nationale de Saintes part pour Saint-Thomas-de-Conac où le manoir du marquis de Bellegarde a été brûlé par les paysans ; 120 incendiaires furent amenés à Saintes. — 12 juin. Nouvelle administration départementale. — 20 juin. Saintes devient chef-lieu du département. — 31 juillet. Fête nationale. — 1er octobre. La garde nationale a fait célébrer un service funèbre en l'honneur des frères d'armes morts à Nancy pour la Constitution. — 6 décembre. Installation du Tribunal de Saintes.

1791. — 27 Février. Election de l'Evèque constitutionnel Robinet. 14 juillet. Fête de la Fédération. — 2 septembre. Nomination des nouveaux députés. — 28 octobre. Revue des bataillons des volontaires de Saintes et de la Charente-Inférieure. — 12 décembre. Fête et bénédiction des drapeaux.

1792. — 10 Juin. Fête du second bataillon des volontaires de Saintes qui vont partir pour la frontière. — 17 juillet. Appel de la patrie, formation à Saintes d'un troisième bataillon.

1793. — Mars. Volontaires et gardes nationaux de Saintes envoyés en Vendée. — Juin. Fêtes à Saintes.

1794. — Le Tribunal révolutionnaire condamna à la déportation Billaud-Varennes, Collot d'Herbois et Barrère ; ce dernier resta à la prison de Saintes.

1805. — 20 Avril. Fête religieuse en l'honneur de St-Eutrope.

1812. — Hiver rigoureux.

1814. — 6 Avril. Arrivée à Saintes du général Lhuilier, commandant une faible division échappée aux désastres de l'Espagne. Les corps constitués de Saintes font abattre les emblèmes de l'Empire et arborent le drapeau blanc. — 30 juin. Service solennel pour leurs Majestés... Eschassériaux, maire.

1815. — 3 Juillet. Emeute populaire à Saintes à propos de l'arrivée de Joseph Bonaparte et des fidèles de l'Empereur qui est conduit à Rochefort.

1817. — Mission catholique à Saintes organisée par l'abbé de Rupt, l'ancien Principal du Collège, devenu curé de St-Pierre.

1820 et 1830. — Froids rigoureux.

1835. — Des petits séminaires sont établis et Pons et à Montlieu.

1843. — 19 Mai. Découverte du tombeau de St-Eutrope. — Voir l'Eglise Santone par l'abbé Briand. — M. Moufflet, Principal du Collège, avait accepté de faire partie de la Commission nommée pour établir l'identité des reliques.

1861. — 21 Août. M. l'abbé Juste, recteur de l'adémie de Poitiers, préside la distribution des prix.

1866. — 9 Juin. Visite au Collège de Mgr Landriot, évêque. [V. *Courrier des Deux Charentes* du 14 juin]. Deux élèves Perthuis Lasalle et Sabourin adressèrent des compliments. La même année Mgr Landriot présida la distribution des prix.

1871. — 12 Novembre. Incendie de la Bibliothèque, des Archives municipales et de la Mairie.

20 *mai* 1869, 21 *mai* 1874, 21 *juin* 1877. Visites au Collège par Mgr Thomas.

1882. — Inondation à Saintes et Epidémie.

OUVRAGES CONSULTÉS ET A CONSULTER

L'antiquité de Saintes. *Elie Vinet.* 1584.

Histoire Saintonge. *Maichin.* 1671.

Ruines romaines de Saintes. *Lasauvagère.* 1770.

Recherches topographiques, historiques. *Bourignon.* 1801.

Annuaire pour l'an 1814. *Filleau.*

Antiquités de Saintes. *Chaudruc de Crazannes.* 1820.

Statistique de la Charente-Inférieure. *A. Gautier.* 1834.

Lettres historiques sur la Saintonge. *Lesson.* 1840.

Histoire de la Saintonge. *Massiou.* 1840.

L'église Santone. *L'abbé Briand,* 1843.

Biographie Saintongeaise. *Rainguet aîné.* 1851.

Monographie de la ville de Saintes. *L'abbé Lacurie.* 1862.

Saint-Pierre de Saintes. *M. L. Audiat.* 1871.

Recueil de la Commission des Arts et Monuments historiques. 1860-1885.

Notice historique sur le Collège de Saintes. *Moufflet.* 1874. Le manuscrit se trouve à la Bibliothèque de Saintes.

Histoire du Collège Louis-le-Grand. *Emond.* 1840.

Histoire du Collège de Guienne. *M. E. Gaullier.* 1874.

Histoire de l'Institution Sainte-Barbe. *Quicherat.* 1862.

Histoire de l'Abbaye et du Collège de Juilly. *M. Charles Hamel.* 1884.

Histoire de Paris. Tome V. *Félibien.* Etablissement de l'exercice public des classes du Collège de Narbonne le 7 mars 1599.

Notice sur l'ancien collège de Niort. *M. Deschamps.* 1864.

L'Oratoire et le Collège de Niort. *M. J. A. Bouteiller.* 1865.

Voir *sur l'Education et l'Enseignement* les ouvrages publiés par le P. Jouvency, Arnauld, Caradeuc de la Chalotais, Rolland d'Erceville, Rivard, Diderot, Guiton de Morveau ; les rapports de Mirabeau, Talleyrand, Condorcet, Lepelletier, Romme, Daunou, Lakanal, Grégoire, Lanthenas ; les travaux et mémoires sur l'enseignement public de Lacépède, Lacroix, Biot, Fontanes, Saint-Marc Girardin, Guizot, Cousin, Egger, Thurot, Ambroise Rendu, Renouard, H. de Riancey, Ch Jourdain, Fortoul, Dumas, V. Duruy, Cuvillier Fleury, Jules Simon, Dupanloup, F. Deltour, G. Boissier, Bain, H. Spencer, Bréal, Ferneuil (F. S.), Gréard.

Voir *pour les Programmes et règlements* le Code universitaire, les Bulletins officiels et administratifs.

SAINTES, IMP. A. GAY & Cie, COURS NATIONAL, 69

www.ingramcontent.com/pod-product-compliance
Lightning Source LLC
Chambersburg PA
CBHW050003100426
42739CB00011B/2490

* 9 7 8 2 0 1 9 1 8 4 8 7 2 *